高校体育经济发展问题的思考

王中华 闫笑男 于建静 著

中国纺织出版社有限公司

内 容 提 要

本书围绕高校体育经济发展过程中存在的问题展开研究，全书共八章，分别是绪论、高校体育的文化和经济价值、体育经济发展的挑战、解决方案和策略、高校体育与社会经济发展的关系、高校体育经济的国际化发展、高校体育经济的可持续发展、结论。本书旨在探讨高校体育经济发展中存在的问题，分析高校体育经济发展的现状和趋势，了解其面临的挑战和机遇；思考高校体育经济发展的策略和路径，提出可行的改进和发展建议。通过本书的研究，将为高校体育经济的发展提供具有针对性和实践性的参考，为推动高校体育事业的蓬勃发展和服务全民健身事业做出贡献。

图书在版编目（CIP）数据

高校体育经济发展问题的思考 / 王中华，闫笑男，于建静著. —北京：中国纺织出版社有限公司，2024.1
ISBN 978-7-5229-1500-5

Ⅰ.①高… Ⅱ.①王… ②闫… ③于… Ⅲ.①高等学校–体育经济学–研究–中国 Ⅳ.①G807.4

中国国家版本馆 CIP 数据核字（2024）第 054033 号

责任编辑：史 岩　责任校对：高 涵　责任印制：储志伟

中国纺织出版社有限公司出版发行
地址：北京市朝阳区百子湾东里A407号楼　邮政编码：100124
销售电话：010—67004422　传真：010—87155801
http://www.c-textilep.com
中国纺织出版社天猫旗舰店
官方微博 http://weibo.com/2119887771
天津千鹤文化传播有限公司印刷　各地新华书店经销
2024年1月第1版第1次印刷
开本：710×1000　1/16　印张：9.5
字数：200千字　定价：99.90元

凡购本书，如有缺页、倒页、脱页，由本社图书营销中心调换

目录

第一章 绪论 /1

第一节 研究背景 /1
一、体育在高校校园中的历史和文化背景 /1
二、研究的重要性 /5

第二节 研究目的、研究方法和研究结构 /7
一、研究目的 /7
二、研究方法和数据来源 /11
三、本书的结构概述 /12

第二章 高校体育的文化和经济价值 /13

第一节 体育在高等教育中的文化重要性 /13
一、体育是体验和传承文化的途径 /13
二、体育是塑造学生身心健康和整体素质的重要途径 /14
三、体育是培养学生竞争意识和创新精神的有效途径 /14
四、体育是促进学生身心和谐发展的重要途径 /15
五、体育对校园文化的丰富与传承起重要作用 /15

第二节 高校体育的经济价值 /16
一、赞助和广告收入 /16
二、设施的利用 /18
三、学校形象与招生的影响 /19
四、体育用品消费 /20

第三节 校园体育对学生综合素养的促进 /21
一、体育锻炼对学生身体健康的积极影响 /21

二、团队协作与领导力的培养　　/22

　　三、情感管理与心理健康的关联　　/23

　　四、学术成就与学生参与体育的相关性　　/24

第四节　高等教育中体育赛事的社会影响　　/26

　　一、塑造健康的生活方式　　/26

　　二、促进社会交流　　/26

　　三、提升学校声誉　　/27

　　四、增强社会凝聚力　　/27

　　五、推动经济发展　　/27

　　六、促进文化交流与传承　　/29

第三章　体育经济发展的挑战　　/31

第一节　财务压力　　/31

　　一、预算短缺的后果　　/31

　　二、学费和体育项目之间的竞争　　/32

第二节　运营成本的上升　　/34

第三节　竞争加剧与市场压力　　/35

　　一、校际竞争和卫星电视合同　　/35

　　二、媒体权和转播权的价值　　/37

第四节　法规政策与监管压力　　/38

　　一、政府对体育产业的监管力度　　/39

　　二、税收政策对体育经济的影响　　/39

　　三、产业政策对体育经济的引导　　/39

　　四、知识产权保护对体育经济的保障　　/39

　　五、体育经济组织应对法规政策与监管压力的策略　　/42

第五节　社会道德与价值观挑战　　/43

　　一、社会道德与价值观对体育经济的深远影响　　/43

　　二、体育经济中违背社会道德和价值观的行为　　/43

　　三、体育经济应对社会道德与价值观挑战的策略　　/44

第四章　解决方案和策略　/47

第一节　提高营销策略与品牌建设　/47
一、推广体育文化价值　/47
二、社交媒体营销　/49
三、高校体育的品牌塑造　/49

第二节　拓展体育项目和多样化体育活动　/55
一、体育场馆使用多样化　/55
二、高校体育赛事种类　/56
三、发扬民族体育文化　/56
四、多元化体育活动　/57
五、防范赛事风险　/59

第三节　增强高校竞争力　/60
一、多元人才培养体系　/60
二、产教融合　/61
三、防范风险因素　/61
四、合格的体育教师　/63
五、训练和竞赛战略的改进　/63

第四节　体育赛事商业化　/66
一、体育赛事商业化　/66
二、赞助　/67
三、传播媒介　/69
四、扩大融资途径　/69

第五章　高校体育与社会经济发展的关系　/73

第一节　体育对高校、社区的影响　/73
一、体育对高校发展的影响　/73
二、高校体育的作用　/75
三、增强软实力　/76

第二节　外部投资、赛事和社会支持的作用　/77
　　一、赛事的经济影响　/77
　　二、吸引外部投资　/78
　　三、高校体育赛事宣传　/80

第三节　体育赛事与旅游业结合　/82
　　一、体育赛事吸引大量观众和游客　/83
　　二、体育赛事带动相关产业的发展　/83
　　三、体育赛事提升城市的知名度和形象　/88
　　四、体育赛事与旅游业的相互促进　/88
　　五、体育赛事与旅游业的挑战与对策　/88

第四节　体育品牌与文化创意产业的联动　/89
　　一、体育品牌与文化创意产业融合的背景　/89
　　二、体育品牌与文化创意产业的联动实践　/90
　　三、体育品牌与文化创意产业联动的影响　/96

第六章　高校体育经济的国际化发展　/97

第一节　全球化背景下的机遇与挑战　/97
　　一、全球化背景下的机遇　/97
　　二、全球化背景下的挑战　/97
　　三、应对挑战的策略　/98

第二节　国际合作与交流的策略　/99
　　一、与国外知名高校建立合作关系　/99
　　二、参与国际体育赛事的组织与举办　/100
　　三、与国际体育组织、跨国企业开展合作　/100
　　四、加强文化交流与传播　/101
　　五、建立国际化人才培养机制　/103

第三节　推动国际文化交流与增进友谊　/103
　　一、国际体育赛事：展示实力与文化的窗口　/104
　　二、文化交流活动：促进理解与沟通的桥梁　/104

三、高校体育经济国际化：推动教育与文化领域的交流与合作 / 104

　　四、挑战与机遇：高校体育经济国际化发展的未来展望 / 105

第四节　高校体育经济的商业模式创新 / 106

　　一、新时代高校体育经济的商业模式变革 / 106

　　二、科技与高校体育经济的融合发展 / 106

　　三、体育旅游与高校资源的结合策略 / 107

　　四、高校体育产业的多元化发展路径 / 107

第五节　高校体育经济的人才培养与团队建设 / 108

　　一、国际化背景下的体育经济管理人才培养 / 108

　　二、高校体育团队的专业化与国际化建设 / 109

　　三、跨国合作与交流中的团队建设与管理 / 110

　　四、提升高校体育经济团队的国际竞争力 / 111

第七章　高校体育经济的可持续发展　　/ 113

第一节　高校体育经济与环境的互动关系 / 113

　　一、高校体育经济与环境的影响关系 / 113

　　二、高校体育经济面临的环境问题 / 114

　　三、实现高校体育经济绿色、低碳、循环发展的策略 / 114

第二节　资源的合理利用与保护在高校体育经济发展中的重要性 / 115

　　一、资源在高校体育经济发展中的作用 / 116

　　二、高校体育经济发展中资源的合理利用与保护策略 / 116

　　三、高校体育经济发展中资源合理利用与保护的意义 / 117

第三节　绿色、低碳、循环发展路径 / 117

　　一、绿色、低碳、循环发展路径的内涵 / 118

　　二、绿色、低碳、循环发展路径在高校体育经济中的应用 / 118

　　三、绿色、低碳、循环发展路径在高校体育经济中的意义 / 119

第四节　推动体育产业与生态环境的和谐共生 / 120

　　一、加强环保意识的宣传和教育 / 120

　　二、推广绿色体育活动和赛事 / 120

三、加强与环保组织的合作 /121
四、高校推动体育产业与生态环境和谐共生的挑战与对策 /121
第五节　高校体育经济在推动社会可持续发展中的作用 /122
一、高校体育经济引导公众形成健康生活方式 /122
二、高校体育经济促进相关产业链发展 /123
三、高校体育经济创造就业机会和经济效益 /123
四、高校应充分认识并推动体育经济的健康发展 /124

第八章　结论 /125

第一节　总结和建议 /125
一、改进高校体育经济模型的建议 /125
二、推动高校体育可持续发展的建议 /134
第二节　展望未来 /138
一、高校体育与社会经济发展的未来 /138
二、高校体育赛事的困境和前景 /140
三、研究局限 /141

第一章 绪论

第一节 研究背景

一、体育在高校校园中的历史和文化背景

高校校园作为教育机构的重要组成部分,不仅是知识传授的场所,也是学生全面发展的重要平台。体育作为高校校园文化的重要组成部分,肩负着保证学生身心健康以及提高综合素质的使命。体育在高校校园中的历史可以追溯到古代。古希腊的体育活动,如奥林匹克运动会,即是体育与教育相结合的典范,为现代高校体育的发展奠定了基础。中国古代儒家思想也注重体育与教育相结合,例如,孟子提出"教学相长"的思想,强调"乐躬乐为"的体育精神。

随着技术革命的兴起,社会总体生产力水平跃升,社会生产分工得以深化,国民经济许多细分的产业部门逐渐形成。传统的产业观念与范畴开始从"物质生产部门"逐步扩展到"以生产和服务为特征的所有部门"。在产业发展演进过程中,传统的产业结构不断变动,文化、娱乐、教育、体育等都逐步被纳入产业体系。其中,体育产业在英美等西方发达国家获得了飞速发展。并且随着世界各国的重视程度不断增强,体育产业已成为西方发达国家的支柱产业。我国学术界、社会各界对体育产业的认识经历了两次比较明显的转折。第一次转折是在1978年党的十一届三中全会以后,人们对体育对国民经济的作用有了全新的认识,并开始关注体育的经济功能。人们认识到体育不仅是一种单纯的消费活动与福利事业,也是一种生产性事业。第二次飞跃是1992年党的第十四次全国代表以后。随着社会主义市场经济体制的确立,我国体育产业开始迈入"本体推进,全面发

展"的新时代。各级政府与体委不断扩大原有体育经营项目的范围，并深入挖掘体育所蕴含的各种经济价值，向公众提供多元化的有偿体育服务。同时，以足球为试点的职业俱乐部联赛体制改革，极大促进了我国体育职业化和商业化发展的进程。体育产业的内涵与外延取得了长足进步。与此同时，体育产业相关理论也随着产业理论的发展逐步成熟。综合产业与体育的属性，体育产业指的是与体育有关的一切生产经营性企业的集合体。国家统计局 2019 年发布的《体育产业统计分类（2019）》将体育产业定义为：为社会提供各种体育产品（货物和服务）和体育相关产品的生产活动的集合。具体包括体育管理活动，体育竞赛表演活动，体育健身休闲活动，体育场地和设施管理，体育经纪与代理、广告与会展、表演与设计服务，体育教育与培训，体育传媒与信息服务，其他体育服务，体育用品及相关产品制造，体育用品及相关产品销售、出租与贸易代理，体育场地设施建设 11 个大类。

狭义上的体育属于教育科学的范畴，主要是通过体育教学活动，传授锻炼身体的知识技能，增强学生体质，增进学生健康，培养学生终身体育的意识、习惯和能力，促进受教育者全面发展。广义上的体育是一种复杂的社会文化现象，是指以身体活动为媒介，以强身健体为直接目的，以培养完善的社会公民为终极目标的一种有意识、有目的、有组织的社会活动。从体育和体育产业的界定来看，二者在内涵与外延上既密切相关，又存在明显区别。体育产业侧重于经济范畴，研究重心是关于分析体育经济的投入产出活动规律，它以体育活动为存在的基础，其发展演进离不开体育或者与体育相关的活动。概言之，体育是教育的范畴，归属于教育科学，而体育产业是经济学的范畴，属于经济科学。体育主要研究人的身体运动规律，而体育产业是在体育活动的基础上研究体育经济的发展问题。因此，体育与体育产业在研究对象、理论体系、研究目的、研究方法等方面均存在较大差异。综合传统观点，本文认为，体育事业和教育事业、卫生事业、文化事业一样，从属于社会公共服务事业。体育事业是由政府主导的、不以营利为目的的社会公益事业，它受政府财政支持，目的是向社会提供公共体育服务。综合现有观点，一切具有一定的目标、规模和系统的，对社会发展有影响的、经常的、体育活动和现象都属于体育事业范畴。从具体构成来看，体育事业包括体育经济、体育文化、体育制度等。因此，根据上述观点，体育产业从属于体育事业，同时二者又从属于体育范畴。

随着现代教育理念的引入，体育在高校校园中逐渐受到重视。西方体育文化的传入，西方体育项目如英式足球、篮球等的引进，丰富了高校体育活动的内容。同时，如体育强国和全民健身等计划的提出，也推动了高校体育的发展。

体育在高校校园中具有丰富的文化内涵和独特的特点。

首先，高校体育营造了健康活力的文化氛围，包括开展各种体育活动，提倡学生积极参与，培养学生热爱运动、健康生活的意识和习惯。其次，高校体育注重平衡团队合作和个人发展。集体项目和个人项目相结合，可以培养学生的合作精神和个人能力。再次，高校体育重视纪律建设和道德品质的培养。学生通过参与体育活动能够培养自律、坚持不懈、勇于拼搏的精神，形成全面发展的人格素质和高尚的道德情操。最后，高校体育拥有丰富的种类和活动形式，如体育课程、校际比赛、社团活动、体育节等，为学生提供了广阔的发展空间和交流平台。这些活动不仅满足了学生的体育需求，也促进了各学院之间的交流与融合，增强了学生的凝聚力和集体荣誉感。体育在高校校园中与教育关系密切。体育作为教育的重要组成部分，可以培养学生坚强的毅力、团队协作精神和领导才能。通过体育活动，学生能够形成自律、负责任和坚持不懈的价值观念，实践中培养创新和解决问题的能力。此外，体育活动还与课堂教学相辅相成，增强学生学习和思考能力，提高学习效果。体育培养学生的团队合作和沟通能力，为学生未来的社会实践和就业打下了坚实基础。

"高质量发展"为体育产业创造新环境的同时，也对体育产业的发展提出了更高要求。体育产业的发展不仅能给经济社会发展带来新的活力和动力，同时也能够发挥"旁侧效应"，带动相关联产业的发展，增加就业岗位，优化产业结构，促进经济发展转型升级。当前，体育产业逐步进入了发展的黄金期，体育产业发展的经济效益与社会效益逐渐显现。体育产业快速扩张，对经济发展的贡献率稳步上升。2020年，全国体育产业实现总产值27372亿元，占GDP比重上升至1.06%。与此同时，体育产业结构不断优化，体育服务业增加值占体育产业增加值的比重提高至68.7%，打破了由传统制造业拉动体育产业增长的局面，发展韧性持续增强。此外，体育产业与相关产业关联度与日俱增，新兴体育融合业态不断涌现，体育产品日渐丰富，服务品质不断提升。但发展过程中许多新问题逐渐暴露，如体育产业发展整体水平低下，市场发育不健全，结构不合理，经营管理存在诸多乱象，投融资体系不完善以及专业人才缺乏等，这些问题严重制约着中国体育产业的发展。为促进我国体育产业适应现阶段经济社会发展的新趋势和新要求，推动体育产业高质量发展，研究体育产业高质量发展的驱动机制已经刻不容缓。

体育产业高质量发展是建设体育强国的时代需要。发展体育产业既能提高人民健康福利水平，更好地满足人民群众的体育需求，又能为推动国民经济可持续增长增添新动能，开拓新的经济增长点。研究体育产业高质量发展机制对于推动体育产业逐步成为国民经济支柱性产业，激发体育产业内在活力有重要意义。本文在分析我国体育产业的演变、现状和问题，总结发达国家体育产业的发展经验的基础上，基于理论分析和实证检验剖析我国体育产业发展的具体机制，进而提出相应的对策和建议，以期为我国体育产业高效发展，为体育强国、健康中国的加快构建提供一定的理论指导与经验启示。

随着素质化教育不断推进，高等院校对体育教育事业的关注程度逐渐提高，从教育部门发布的数据能够看出国内大学生的总数已达到2300万人，如果这些学生均关注体育事业并支持体育经济的发展，体育产品的市场将非常广阔，这也是要将体育事业和高等院校内体育教育相联系的主要原因。国内高校内的体育教育课程开展时所使用的教具和学生教学的场地建设均符合高等教育的要求，各个高校对于发展体育事业的资金投入也较大，首先能够为学生提供合适的体育教学环境，其次能够保证学生在课余时间进行自主的身体锻炼。随着新一轮课程改革的推进，高校的体育教育形式已经发生转变，由原本学生被动地接受体育教学转变为选择自己喜欢的体育课程，学生在选择课程过程中学习兴趣会全面提升。在开展体育知识学习的过程中，在掌握体育知识的基础上达到锻炼身体的目的。现阶段高等院校的体育教师能够满足教学任务的要求，这部分教师在教学经验、学生身体锻炼以及对疾病的防控方面均具备专业知识。新课程改革过程中体育课程的教学目标已经发生变化，体育教育由原本的提升学生体质到现阶段的促进学生的心理健康以及适应社会的发展要求，体育运动由单一向多层次发展，概念由原来的模糊不清到现在的具体明确。但是在体育教育进行时，所设定的教育要求却没有实现。部分学校按照要求完成了教学任务，但学生掌握了基本的体育知识以后，进入社会不能将所学知识转变成服务社会的技能，不能为体育事业的发展提供应有的帮助。

近年来，国家出台相关政策鼓励产教融合，改变现有的人才供给方式，鼓励校企合作，培养企业需要的人才。校企合作可充分开发和利用高校的体育人力资源，使体育人才的培养与社会接轨，使高校提前了解社会对于体育人才的需求，同时使体育专业学生提前进入企业学习和工作，并积累相关的工作经验，为将来走入社会，从事体育方面的工作打下坚实的基础。

同其他资源一样，体育资源在特定的时期和条件下会呈现出稀缺性和有限性，高校的体育资源虽然相对丰富且集中，但也存在闲置、浪费、易被忽视等问题，若对其进行有效的整合与开发，引入企业参与，进行产业化管理，可实现对高校体育资源的有效利用。

高校体育经济的发展对于推动体育事业发展，提升学校综合实力和促进学生全面发展具有重要意义，是培养学生良好运动习惯和社会公民意识的有效途径。随着社会经济的高速发展，高校体育不仅强化了其育人功能，同时成为创造价值、推动经济发展的重要力量。

二、研究的重要性

高校体育经济的发展对于推动社会体育事业发展、提升学校综合实力和促进学生全面发展具有重要意义。

高校体育作为学校教育的重要组成部分，既是学生体质和健康的重要保障，也是培养学生良好运动习惯和社会公民意识的有效途径。随着社会经济的高速发展，高校体育不仅强化了其育人功能，同时成为一种创造价值、推动经济发展的重要力量。

首先，高校体育经济的发展能够促进体育产业的繁荣。体育产业是当今世界发展最快的产业之一，拥有广阔的市场和巨大的发展潜力。高校体育经济的发展，可以推动体育产业的创新和发展，促进体育产业链上各个环节的发展，如体育器材制造、体育培训、体育赛事、体育旅游等，从而创造更多就业机会，提高经济效益。

其次，高校体育经济对学校的影响是多方面的。第一，体育经济的发展是学校财政收入的重要来源。高校举办各类体育赛事、组织培训营和健身课程，不仅能吸引来自校内外乃至国内外的参与者和观众，还可通过票务销售、赞助合作等方式获取经济收益，增加学校的财政收入。第二，高校体育经济的发展能够提升学校的综合实力。一所高等学府的综合实力既包括学术水平，也包括综合文化和体育教育水平。高校体育经济的发展可以为学校带来更多的财政收入和更高的社会认可，进而提升学校的综合竞争力。学校可以利用体育产业的发展优势，举办体育赛事和活动，吸引更多学生和社会资源，提高学校的知名度和美誉度。体育经济的发展推动了校园体育设施的建设与更新。高品质的场馆、器材和相关设施，为学生和教职员工提供更好的体育锻炼环境，改善校园体育设施和硬件水平，提升体育教学与训练效率。此外，体育经济的发展还促进高校与社会的互动和交流。通过开展体育文化交流活动、举办赛事与表演，高校能够提升学校的知名度和形象，增加对外合作与交流的机会。

再次，高校体育经济的发展有助于培养学生的综合素质。体育对于学生的身体健康、智力发展、情感修养等方面均产生积极影响。通过对体育经济的发展，可以为学生提供更多参与体育活动的机会，提高学生对体育的兴趣。同时，学生在体育活动中可以培养合作精神、团队意识、积极进取等重要品质，进而全面发展自己的个性和能力。并且，体育经济的发展为学生提供了丰富的参与和竞技的机会。学生可以参与各类体育赛事，锻炼身体、展现才华，培养团队协作和竞争意识。同时，丰富多样的体育培训课程和健身项目丰富了学生的校园生活，提高了身心健康水平。此外，体育经济的发展为学生提供了实习和就业的机会。体育产业的迅速发展为学生创造了大量的实习和就业机会，学生可以通过参与相关项目，获取实际工作经验，提高就业竞争力。同时，与体育经济相关的服务行业也为学生提供了大量的兼职和就业机会，帮助学生实现自身价值和经济独立。

最后，高校体育经济的发展可以促进地方经济的繁荣。高校对于地方经济发展有巨大影响。发展高校体育经济，可以吸引更多的资源流入当地，如人才、资金、技术等，激活地方经济的发展潜力。同时，高校举办的体育赛事和活动也吸引了大量的参与者和观众，带动当地的旅游和餐饮业发展，提高了地方的知名度和形象。此外，体育产业的发展带动了就业机会的增加。体育活动和运动产业的兴起，创造了大量的就业机会，包括教练员、裁判员、场馆管理人员、赛事组织者等岗位。因此体育产业的繁荣促进了相关产业链条的发展。体育赛事的举办带动了旅游业、娱乐业、餐饮业等相关产业的发展,形成了以体育为核心的多元化产业集群,为社会经济的多元化发展提供了机遇。

综上所述,高校体育经济的发展不仅能够促进体育产业的繁荣,提升学校的综合实力,培养学生的综合素质,还可以推动地方经济的发展。因此,高校应当大力发展体育经济,加强与相关机构和企业的合作,为学校和社会的可持续发展做出积极贡献。

第二节 研究目的、研究方法和研究结构

一、研究目的

1983年,《国务院批转国家体委关于进一步开创体育新局面的请示的通知》中正式提出了"到本世纪末成为世界体育强国"的目标。所谓体育强国,虽然国内学者对其定义不完全相同,但是他们有一个共识:体育强国应该是一个综合性、动态性的概念,不能用各种指数和指标进行简单化约,而是一个国家体育定性和定量相结合的综合评价。体育强国不仅体现在各种体育赛事中的奖牌数量和名次,更体现在民众对于体育的参与度。应该说,体育强国不但是国家层面的动员参与,也和一国国民的体育精神和体育意识、体育参与和体育行为有密不可分的关系,而这需要深厚的体育文化土壤。只有植根于体育文化,我国才能实现由体育大国迈向体育强国的目标,才能维持已有的竞技体育强国的地位。其实,建设"体育强国"和"文化强国"方向上是一致的。文化强国需要我们既继承传统文化的精粹,又要积极吸收世界各民族国家的优秀文化,创造出具有本土特色和世界风格的新文化;体育强国需要我们既重视竞技体育,又要重视体育教育和大众健身与休闲体育,将传统体育和现代体育有机结合。两者作为国家战略目标,既为了满足国家建设和国家竞争的需求,又为了满足人民的意愿和需求。两者均可以塑造我国的国家形象和公民形象,提高国家软实力和竞争力,以及国民

素质，满足人民的精神文化需求。可以说，体育是建构文化和传播文化的重要载体；而体育文化作为两者的交叉领域，对于"文化强国"和"体育强国"都是至关重要的：一方面，体育文化是"文化强国"目标的重要组成部分；另一方面，体育文化是实现"体育强国"的重要根基。因此，如何建构体育文化，如何使体育文化对社会政治经济产生巨大的作用力（即体育文化力），这是摆在我们面前一道至关重要的研究课题。

体育可以细分为竞技体育、大众体育、体育教育等领域，但是只有高校能够成为体育文化力培养和完善的基础领域。这是因为，高校可以为社会不断提供科学的体育锻炼和训练的知识、技能，并培养和提高了学生的体育意识及体育行为，促进体育文化事业的不断发展，进而为体育产业的发展提供强有力的支撑。可以说，一个国家高校体育文化的发展水平，体育发展"十二五"规划和"十三五"中对体育文化研究的持续性，为高校体育文化的建设与发展提供了一个良好的发展平台，同时也对高校体育文化的建设提出了迫切的现实需求。期盼以高校体育文化发展促进大学校园文化的发展，以高校文化的发展与完善来促进社会文化的发展与进步。高校作为独特的社会组织，其功能和价值历来备受关注。高校发端于中世纪，并在19世纪达到鼎盛。截止到19世纪，高校主要是精英教育，以知识的生产、传递、创新为主，可以认为高校主要是学术组织。进入20世纪，随着高等教育自身教育民主化的要求，以及社会政策的变化，高校的社会功能发生了巨大变化。高校的社会功能日益多样化，高校不再仅仅属于学术组织，而是成为身兼政治组织、经济组织、社会组织、文化组织等多重定位的组织。也就是说，高校同时具有公民培养、经济和科技发展、社会进步、文化创新等功能。

在当今高校功能多样化背景下，高校在多个层面对于我国体育文化的发展发挥作用。首先，高校作为文化组织，是传递、生产、创造体育知识和技能的重要载体，对于一个国家的体育文化发展的引导、选择、创造、传承发挥着独特作用，高等教育对体育文化的传播、发展和繁荣的作用不可替代。因此，可以说，高校对于提高体育文化软实力的作用不可替代，是实现"文化强国"重要组织载体。其次，高校作为经济组织，利用其拥有的体育文化资本，可以为体育产业化提供强有力的智力支持，符合国家的体育经济的发展目标。再次，高校作为政治组织，可以成为公民教育的重要载体，它可以通过体育游戏、体育拓展训练、体育竞赛及其他体育活动，培育体育参与者的公平竞争意识、规则意识以及坚强、合作等重要品质。高校体育所具有的这些功能，是实现培育"全面发展的人"的有机组成部分。最后，高校作为社会组织，不仅可以有力促进体育参与者掌握体育锻炼方法，还可以通过体育运动的形式，促进社会不同阶层之间的接触和交流，增强社会凝聚力。可以说，高校对于体育文化的发展至关重要。

高等教育为我国的体育事业提供了大量的体育人才，包括教练、体育教师、运动员。改变以往的举国体制，达到体育发展"十三五"规划中"竞技体育发展方式有效转变，综合实力和国际竞争力进一步增强"的要求，恰恰需要高校成为竞技体育发展的自觉主体。同时，高校的体育教育，体育知识和技能不断累积，促进了师生的体育参与意识的增强和体育行为的养成，并且能够促进社会形成良好的体育文化氛围。这也有助于"全民健身国家战略深入推进"目标的达成。高校师生本身掌握着丰富的体育知识和技能资源，能够为体育产业规模和质量的不断提升提供智力和人力支持。由上可知，高校体育文化在体育发展过程中占据核心地位，成为体育文化培育的重要"发动机"。可以说，高校体育文化的培育，已经成为"文化强国战略"和"体育强国战略"的现实着力点。高校体育在"文化强国战略"和"体育强国战略"的实施中起到至关重要的作用，高校因其自身的体育文化成为这两种战略的汇合点。然而，尽管体育文化是体育文化力的前提，体育文化并不必然会转换成巨大的体育文化力。高校的主要任务不仅是培育高校体育文化，更重要的是如何对组成体育文化的各种要素进行有机整合，促使高校体育经济发展能高效地发挥作用。有效的体育文化力往往基于高超的体育技能、强烈的体育意识和行为，而大学则成为这些土壤的"培养皿"。

随着社会的进步和体育产业的蓬勃发展，高校体育经济作为体育产业的重要组成部分，具有重要的意义和巨大的潜力。然而，高校体育经济在发展过程中，也面临着一系列的问题和挑战。因此，本研究的目的是对高校体育经济发展问题进行深入思考，探讨其存在的问题，并提出相应的解决思路和建议，以促进高校体育经济的可持续发展。

高校体育经济发展中存在资金问题、运营与管理问题、人才培养问题以及营销与推广问题等。

资金问题是高校体育经济发展中的首要问题。与其他产业相比，高校体育经济在资金来源和分配上具有一定的不确定性和不合理性。此外，高校体育经济的特殊性和复杂性，需要专业化的运营和管理团队，但目前这方面的人才匮乏。同时，学生的参与度也不尽如人意，这与学生对体育缺乏兴趣和动力以及体育课程设置吸引力不足等方面的问题密切相关。最后，高校体育在营销与推广方面还存在一定不足，传统的宣传渠道效果有限，高校需要考虑更加新颖和创新的推广方式。

因此，本文深入研究高校体育经济发展问题，并提出相应的思考和建议，对促进高校体育经济的进一步发展具有重要的现实意义和理论意义。

随着我国经济社会的发展，国家越来越重视群众体育事业和体育产业的发展，群众的体育需求越来越高。当前的公共体育服务已经难以满足我国群众的体育需求，这就需要市场化的体育产业来弥补。这也对政府的公共体育服务和市场的体育产业规模都提出了较高的要求。高校体育资源数量大且类型丰富，但目前开发程度较低，产业化发展不够明显。本文通过调查研究提出相应的对策，找到更适合我国高校体育资源开发的办法和途径，进一步丰富我国体育产业和体育事业的内容，促进我国体育事业的的全面发展。

本研究的目标是全面了解和分析高校体育经济发展中存在的问题，并提出相应的思考和建议，以促进高校体育经济的可持续发展。具体而言，本研究的目标包括以下几个方面：

（1）深入分析高校体育经济发展中的资金问题，包括资金来源的不确定性和分配不合理等问题，提出相应的建议和措施。

（2）探讨高校体育经济运营与管理问题，包括缺乏专业化的运营管理团队和提高体育场馆设施管理与使用效益等问题，提出相应的解决思路和建议。

（3）研究高校体育经济人才培养问题，包括教练员和管理人员的专业素质不足以及学生参与度不高等问题，提出相关的培养和激励机制建议。

（4）分析高校体育经济发展中的营销与推广问题，包括市场营销与品牌推广意识不足以及传统宣传渠道有限等问题，提出相应的传播策略和推广方式建议。

在实践层面，高校教育场域中的体育事业联结着竞技体育、大众体育和体育休闲娱乐等多个维度，对我国高校校园文化建设、国家的竞技体育发展、社会的大众体育教育、体育休闲娱乐活动的推广起着至关重要的作用。因此，高校体育文化力运行机制的构建具有一定现实意义，具体表现为：对学生而言，强大的高校体育经济发展有利于引导学生积极参与体育活动、培养体育精神。在提高学生身体素质的同时，更有利于培养学生的团队合作精神和规则意识，是对学生进行公民素质教育的有效途径。对学校而言，高校体育文化力作为校园文化力的有机组成部分，如果能充分发挥其效益，将有利于塑造学校的品牌形象，提高学校的知名度和社会地位，促进大学创新创业型人才的培养。对于社会而言，第一，校园体育文化力为我国竞技体育领域提供优秀的后备人才；第二，学生生活方式的形塑和公民精神的培养可以改变和引领大众的体育休闲生活方式，推动我国大众体育的发展；第三，以大学生的体育文化素养的养成，培养和提高国民体育文化素养和精神面貌；第四，通过高校体育事业与产业的完善与发展，促进我国体育文化事业与产业的发展。对国家而言，高校体育文化力是高校文化软实力的重要组成部分，高校体育经济发展作用运行机制的构建，在提高高校体育文化力价值的同时，有利于提高我国高校的竞争力和增强话语权，促进我国文化软实力的整体提升，最终实现我国的"文化强国"目标。

通过实现上述目标，我们可以为高校体育经济的发展提供具体的思考和建议，推动其可持续发展，进而推动高校体育事业的蓬勃发展，为培养优秀人才和服务社会健康发展做出积极贡献。

总之，本研究的目的在于深入思考高校体育经济发展中存在的问题，并提出相应的思路和建议，促进高校体育经济的可持续发展。本研究的开展，将为高校体育经济的发展提供针对性和实践性参考，为推动高校体育事业的蓬勃发展和服务全民健身事业做出贡献。

二、研究方法和数据来源

文献综述：通过对相关文献、报告和研究成果的综合分析，了解高校体育经济发展的背景和现状，把握相关理论和实践经验。

比较研究：对不同高校、地区或国家的高校体育经济发展进行比较，找出差异和共同点，从中获取启示和借鉴。

专家咨询：与相关领域的专家和学者进行交流和咨询，获取他们的意见和建议，为研究提供更全面的视角和深入的思考。

三、本书的结构概述

第一章——绪论，介绍了本书的研究背景和目的。

第二章——高校体育的文化和经济价值，阐述了高校体育发展对于文化和经济方面的意义。

第三章——体育经济发展的挑战，提出了目前高校体育经济发展存在的挑战。

第四章——解决方案和策略，根据上述挑战，相应提出了高校体育经济发展存在的策略。

第五章——高校体育与社会经济发展的关系。

第六章——高校体育经济的国际化发展。

第七章——高校体育经济的可持续发展。

第八章——结论。

第二章　高校体育的文化和经济价值

第一节　体育在高等教育中的文化重要性

体育作为高等教育中的一项重要文化活动,不仅是一项简单的运动和竞技,更是一种深刻影响人们身心健康和价值观念的文化。

一、体育是体验和传承文化的途径

体育运动作为一种文化形式,早已融入了人类社会的方方面面。体育活动承载着各种文化元素,如价值观念、道德规范、历史传统等。通过参与体育活动,人们可以亲身感受和体验到这些文化的魅力。在高等教育中,体育文化的传承和教育,使学生能够更好地了解和认同自己所属文化的特点和价值,形成文化自信。

体育文化在高等教育中历史悠久。古希腊的奥林匹克运动会是世界体育史上的重要里程碑,为现代体育的发展奠定了基石。而中国古代的体育活动如射箭、武术等,也在高等教育中扮演着重要角色。在近现代,体育文化进一步融入高等教育体系。西方现代体育的引进,如足球、篮球等,丰富了高等教育的体育教学内容。同时,国内高等教育体育事业的不断发展,进一步促进了体育文化的传承和发展。

高等体育是一个开放的系统,是置身于社会大背景之下的一种与众不同的独特的文化形态。一方面,高等体育通过开展体育教学、体育锻炼、课余体育训练与体育竞赛等活动,倡导各种健康文明的积极行为,激励人们努力进取、奋发向上,充分体现了一所学校良好的教学和生活秩序;另一方面,高校通过选派高水平运动队参加全国和省内的各种体育比赛,激发大学生团结协作、顽强拼搏、永不怕输的精神品质和爱国主义、集体主义精神。与此同时，高校通过体育这座桥梁加强与国内外高校的交流，扩大了学校的声誉，提高了学校的知名度。高等体育并不拘泥于体育课，而是通过校园内的如体育雕塑、体育摄影、体育场馆设施、体育器材设备、体育宣传物品等有形的体育教育因素和包含体育精神、体育道德、体育健身习惯、体育意识、体育观念等无形的体育教育因素对高校师生们产生潜移默化的影响。

二、体育是塑造学生身心健康和整体素质的重要途径

高等教育的目标除了传授知识和技能外，还包括培养学生的综合素质，其中身心健康是非常重要的一部分。体育活动在高等教育中对学生个体的发展起重要作用。通过参与体育活动，学生能够锻炼身体，增强体质，提高免疫力，预防疾病的发生。同时，体育活动还能够锻炼学生的意志力、毅力和团队合作精神，培养学生的责任感和积极态度，提高学生的综合素质和人际交往能力。

在民国时期，北京大学原校长蔡元培便将体育提高到培养健全人格的高度，提出体、智、德、美、劳不可偏废。蔡元培先生认为这五育一样重要，不可放松一项。归根结底，高校体育经济发展培育和拓展的目的是全面推进素质教育，最终目的是促进人的全面发展。高校体育经济发展作为高校体育教育作用力的一部分，其作用也在于此。体育文化力既是体育运动技术和战术的展现，也是培养审美的重要场所，更是培育规则意识、公平竞争精神、公民道德的重要载体。甚至可以说，体育文化力蕴含着非常丰富但又经常被忽视的育人手段。在我国，实施素质教育的基本要求是将德育、智育、体育、美育等有机地统一在教育的各环节。高校体育文化力在培养学生素质，将学生培养成为"全面发展的人"方面具有不可替代的作用。

三、体育是培养学生竞争意识和创新精神的有效途径

体育活动往往与竞技和比赛相结合，竞争可以激发学生的积极性和动力，培养学生的竞争意识和胜负观念。在体育活动中，学生需要展示自己的技能和能力，不断创新和突破自己的极限。这种竞技和创新精神在学术和职业生涯中得到运用，使学生敢于面对和挑战困难，勇于创新和探索。体育文化培养了学生的思

维能力和情感素养。体育训练和竞赛需要学生具备较强的思维能力和自我调控能力，培养学生坚持不懈、克服困难的品质。此外，体育文化还能培养学生积极向上、团结友爱的情感素养。

高校体育经济发展建设，不仅可以使师生掌握有效科学的体育锻炼方法，更能提高师生的体育参与热情，有助于培养师生的终身体育意识。

四、体育是促进学生身心和谐发展的重要途径

蔡元培先生很早便提出"完全人格，首在体育"以及"有健全之身体，始有健全之精神"，应该说，这一体育理念是相当前沿的。高校体育经济发展，通过高校开展的各种体育活动，不仅可以提高师生的身体素质，更能满足师生的多层次、多元化精神需求，也可以陶冶广大师生的情操，促进师生的全面发展。高校体育经济发展能够利用其自身的导向和动力功能，调节广大师生的心理和行为，培养师生坚初不拔的意志和充满阳光的自信力，全面形塑学生的信念和行为，有力地实现对"全面发展的人"的培育。

五、体育对校园文化的丰富与传承起重要作用

首先，体育为校园文化带来活力。高校举办各类体育比赛和表演，为校园增添了欢乐与竞技的氛围，提高了学生的归属感和荣誉感。其次，体育丰富了校园生活形式和内涵。体育俱乐部、社团活动以及体育节等丰富了校园文化的多样性和个性化。同时，体育也为学生提供了表达个性与展示才华的舞台，促进了学生的全面发展。最后，体育文化传承了学校的传统与精神。体育文化的组织和开展往往融入学校的特色和精神内涵，传承和弘扬学校的优秀传统，增强了学生对学校的认同感和凝聚力。

总之，体育作为高等教育中的一项重要文化活动，对于塑造学生身心健康，培养学生综合素质，提高学生竞争意识和创新精神，促进学生身心和谐发展等具有重要意义。高校应该重视体育教育和文化的传承，为学生提供充足的体育活动和资源，激发学生对体育的兴趣和热爱，以培养学生的综合素质，促进学生全面发展。

第二节　高校体育的经济价值

高校体育在大学校园中扮演着不可或缺的角色。除了对学生身心健康的发展具有重要意义之外，高校体育还蕴含着巨大的经济价值。本节旨在探讨高校体育在赞助和广告收入方面的经济价值，分析其对高等教育经济的推动和发展的重要性。

一、赞助和广告收入

1. 什么是赞助

现代体育赛事的商业化离不开体育赞助这一关键环节，体育赞助最早见于1981年在西班牙马略卡岛举行的欧洲体育部长研讨会上。大会认为，体育赞助是个人或组织之间一种具有共同利益的关系，赞助方以某些利益去换取与体育活动设施或与体育参与者的某种联系。这个概念指出了体育赞助的核心特点是"共同利益"与"交换"。海德在其专著《赞助——最新的市场技能》中提出："本质上现代赞助是赞助的一方与被赞助的一方具有共同利益的一个商业协定，并伴随一个提出确定目标的实现"，这个观点开始从商业的角度思考体育赞助的含义。我国学者在早期认为赞助是一种公益行为。随着时代的发展与体育赛事商业化程度的提高，人们对于体育赞助的概念有了更加贴合时代的理解，学者俞诚士（瑞典籍华人）认为，体育赞助是一方为实现其预定的商业或社会目标，向另一方提供物质支持，并期望获得回报的一种现代市场交易方法。

体育赞助具有四个特点：第一，体育赞助的核心是围绕特定的体育组织、体育资产及体育团队、个人（事实上，可以将上述对象看作体育资源的所有者）而展开的活动。第二，特定产业内的企业通过支付现金、提供产品和服务的方式，获得上述体育资源所有者的许可，并展开相应的营销传播。第三，企业购买的相应权利是借与体育资源及其形象的联结，来传播企业的营销诉求，最终达成企业的营销目的。第四，企业与体育资源所有者之间是一种互惠互利的关系。在体育赞助过程中，都获得了自己想要的资源及结果。体育赞助一般包括体育明星赞助、体育赛事赞助、体育项目赞助、体育场馆赞助。

2. 赞助的作用

赞助商在高校体育经济中起到了至关重要的作用。首先，赞助商为高校体育提供了资金或物质支持。通过与企业和品牌合作，高校体育项目得以拥有足够的经费开展比赛、训练以及进行场馆设施的建设与维护。这不仅提升了高校体育的竞争力和运营水平，也为学生提供了更好的体育环境。

另外，在比赛中，热爱体育赛事的观众对于比赛的归属感、认同感强，因此，在体育比赛中进行企业形象的塑造，会取得很好的效果，关联度高的群体在赛事中看到商标、横幅、广告后对企业的认知会趋向一致，并能产生消费的欲望。事实上，体育商业赞助活动比任何广告的公益性都强，对企业形象以及认知度的提升都有很大帮助。体育赛事的影响力巨大，可以突破性别、地区、民族、语言的界限，激发人们的共鸣。这也可以解释为何无数企业争相赞助奥运会、世锦赛、全运会等大型体育赛事，即使花费天价也要获得赞助权。

其次，赞助商的参与促进了高校体育赛事的规模和影响力的扩大。赞助商不仅可以通过广告、赛事冠名等方式宣传自己的品牌，也可以帮助高校体育项目吸引更多人气和提高关注度。这不仅提升了高校体育项目的知名度和形象，也为相关产业的发展带来了机会。

广告收入对高校体育经济起推动作用。首先，高校体育项目可以通过广告销售获取经济收入。比赛场馆、比赛装备以及相关活动等都是潜在的广告场地，这些场地可以被品牌和企业用于宣传和广告展示，从而获得收入，这为高校体育项目提供了经济支持。高校还可以利用这些收入来改善校园体育设施、提高教学质量，甚至用于奖励学生的体育成绩和优秀表现。

最后，广告收入的增加可以带动高校体育相关产业的发展。高校体育项目的经济价值不仅体现在体育本身，还延伸到周边产业。比如，体育赛事的举办可以带动旅游业、酒店业以及餐饮业的发展，增加了当地经济收入与就业机会。同时，由于人们积极参与体育活动和高度关注高校体育，相关产业链条的发展也得到了极大的推动。

二、设施的利用

高校体育在现代社会中具有重要的经济价值，特别是在设施的利用方面。

高校体育设施的合理利用可以带来较高的经济效益。首先，高校可以将球场等设施对外出租，举办各类体育赛事、比赛和培训活动，吸引大量观众和参与者，为校内赛事提供场地，同时也可以吸引外部组织和个人租用场地。这些活动将为高校带来租金收入和场地使用费，对校内发展和设施更新起到重要推动作用。

其次，体育设施和场馆建设与更新也是塑造学校形象的重要因素。现代化的体育场馆和设施不仅能为学生提供丰富多样的体育锻炼环境，还能成为学校形象的重要窗口。学校投资于体育设施建设，能够展现学校对学生身心健康发展的重视，提升校园形象。

高校体育球场和设施的利用可以带动当地消费，促进经济发展。高校在举办大型体育赛事或表演活动时，居民和游客往往会增加消费，包括食品、饮料、住宿、交通等方面。此外，一些参赛选手和队伍会在比赛期间停留，为周边商业带来商机。这些消费将促进当地经济的增长和就业机会的扩大，为地方财政做出重要贡献。

高校体育球场和设施的利用有助于推动旅游业的发展。高校举办体育赛事和活动将吸引大量观众和游客前往，增强旅游的需求和动力。这些观众和游客不仅会到球场观看比赛，还会在比赛间隙参观学校和周边景点，增加旅游消费。

高校体育球场和设施的利用对人才培养起到积极作用。通过举办比赛和培训活动，高校可以为学生提供实践机会，培养他们的体育技能和竞技能力。这些活动也为学生提供了锻炼和展示才华的舞台，为他们今后的就业提高竞争力。此外，高校还可以通过对设施的利用，吸引优秀的运动员和教练，促进人才的吸引和培养，为学校树立体育强校的形象。

高校体育球场和设施的合理利用将有助于提升学校的品牌形象和市场影响力。高校举办体育赛事和比赛活动将吸引媒体和观众的关注，提升高校的知名度和声誉。通过积极宣传和媒体报道，高校的形象将大幅提升，并吸引更多优秀的学生和合作伙伴。这种市场影响力将为高校带来更多赞助商和合作机会，推动高校的可持续发展。

综上所述，高校体育球场和设施的合理利用对于提高高校的经济价值和社会影响力具有重要作用。通过利用球场和设施，高校可以产生经济效益、鼓励消费、推动旅游业、培养人才以及提升品牌形象和市场影响力，实现多方面的发展和增长。因此，高校应该积极推进体育设施的合理规划与利用，从而充分发挥其经济潜力和社会价值。

三、学校形象与招生的影响

体育作为高校教育的重要组成部分，对高校形象具有重要影响力。高校积极发展体育教育和体育竞技，重视体育运动的推广和发展，将为其树立崇高的社会形象。通过举办各类体育竞赛、参与校际体育比赛、培养优秀的学生运动员等方式，高校的体育声誉将大幅提高。媒体对学校体育的报道也将进一步扩大其知名度，从而提升其整体形象。高水平的体育成绩和赛事表现能够提升学校在体育界的声誉和知名度。通过参与国内外重要比赛并取得优异成绩，高校能够吸引更多的关注和赞誉，提升声誉。此外，高校体育文化的丰富也能够增加学校的吸引力。高校组织丰富多样的体育文化活动，如体育节、比赛、讲座等，不仅为学生提供了丰富多彩的校园生活体验，也向外界展示高校的活力与魅力，帮助其塑造积极向上的校园形象。

高校的体育发展与招生竞争力息息相关。在当今社会，越来越多的家长和学生重视学校的体育环境和体育氛围。高校拥有良好的体育设施、丰富的体育课程和训练资源，将吸引更多学生选择该校。首先，学校的体育成绩和学生运动员的表现也会成为学校招生的一个重要指标。优秀的体育成绩将为学校赢得声誉，吸引更多优秀的学生加入，提高整个学校的招生竞争力。体育特长生的招生政策能够吸引更多具有优秀体育才能的学生报考学校。高水平的体育项目和专业教练团队能够吸引优秀的体育特长生，并为他们提供专业的体育培训和发展空间。其次，出色的体育成绩和优质的体育教学水平也能够提高学校的竞争力。学生和家长在选择高校时，往往会考虑高校的综合实力，其中包括体育方面的成绩和教学水平。高校通过提供优质的体育资源和培养出色的体育人才，能够吸引更多优秀的学生报考，提高学校的竞争力。其次，体育教育对学生综合素质的培养也是吸引学生报考的重要因素。现代社会对学生的要求不仅是学术成绩，还包括良好的身体素质、团队合作能力和领导才能等。学校通过优质的体育教育，能够培养学生的综合素质。

高校体育的发展为高校招收更多体育特长生提供了机会。许多高校会制订体育特长生招生计划，招收优秀的体育运动员入学，并提供相应的专业训练和发展机会。这些体育特长生往往在学术和体育两方面都具备优秀的潜质，他们的加入不仅提高了学校的整体水平，还对学校的体育竞争力和品牌形象起到了推动作用。

高校体育的发展将对体育相关专业的吸引力产生重要影响。体育教育、体育训练、体育科学等专业在高校体育背景下，将更具吸引力。学生更容易看到这些专业在未来就业市场的广阔前景，这将吸引更多学生选择相关专业，并为学校培养出更多优秀的专业人才。

高校的体育发展将为学校吸引更多赞助商和合作伙伴。体育赛事和活动往往受到赞助商的支持和赞助，这些赞助商希望借助学校的体育平台提升品牌形象和市场影响力。通过与这些赞助商和合作伙伴的合作，学校可以获得赞助款项、设备资源等，进一步推动学校体育事业的发展。

四、体育用品消费

大学生在体育用品上的消费能力也是促进体育经济发展的一项重要因素，学生在体育用品上的消费与常规的消费存在明显差异，前者形式无须经过专业的消费指引，只需满足学生的锻炼需求即可。在人们的日常消费过程中，最常见的便是与人们生活息息相关的饮食消费，这种消费形式较为稳定，不会随着时间的流逝而发生变化。但是，随着高等院校体育教育事业的发展进步，体育用品的消费逐渐增加。高等院校开展体育教学能促进学生对于体育用品的消费能力，人们的消费意识属于常见的心理现象，大学生宿舍内只要有学生对体育用品的使用获得良好的体验效果，其他同学便会产生消费意识，这种情形的出现便会真正促进体育用品的消费，进而推动体育用品的发展。在开展体育教学的过程中，不同的教学形式对学生的消费意识会起指引作用。在高等院校开展体育知识教学是所有教学工作的前提条件，在进行理论知识的授课过程中，教师将体育的知识点传授给学生，学生能够了解不同的体育用品对体育锻炼的好处，进而促进体育用品的消费。科研机构对体育用品的消费进行调研发现，在中国体育事业的发展过程中，高等院校毕业的学生对体育用品的消费远远高于未接受过高等教育的人群。基于此项调查，我们发现高等教育的开展能够促进体育用品的消费，逐步成为我国体育用品发展的原动力。

综上所述，高校体育对学校形象与招生具有重要的经济价值。通过提升学校形象和招生竞争力、招收体育特长生、增强体育相关专业的吸引力以及吸引赞助商和合作伙伴，高校体育发展将为学校带来更多经济效益并提升学校的整体竞争力。因此，学校应该加强体育发展，充分利用体育资源，提升学校的体育声誉与品牌形象，最大限度地实现学校形象与招生的经济价值。

第三节　校园体育对学生综合素养的促进

一、体育锻炼对学生身体健康的积极影响

体育锻炼在当代高等教育中扮演着至关重要的角色。相关研究表明，定期的体育活动对学生的身体健康具有多方面的益处。

首先，体育锻炼的生理益处是值得一提的。体育锻炼有助于增强心血管系统的功能，提高心肺健康，并降低患慢性疾病的风险。在这一层面上，深入了解体育锻炼如何影响学生的心血管健康，包括心脏功能、血液循环等方面，将有助于更全面地认识其生理益处。

其次，体育锻炼对学生心理健康的积极影响也是不可忽视的。在现代社会，学生面临着诸多学业和社交压力，而体育锻炼是一种有效的应对压力方式。学生参与体育活动可以释放身体内的压力和紧张情绪，提高心理韧性，有助于缓解焦虑和抑郁情绪。此外，运动还能刺激大脑释放多巴胺等愉悦激素，改善学生的情绪状态，增强自尊心和自信心。

再次，在强调体育锻炼的生理和心理益处时，我们不能忽视其对学生学业成

绩的积极影响。研究表明，积极的体育锻炼习惯与更好的学术表现之间存在正相关关系。运动有助于提高学生的专注力和记忆力，促进学生取得良好的学习成果。通过参与体育活动，学生培养了团队合作和领导能力，这些品质在学业上同样发挥着重要作用。

从次，体育锻炼还有助于学生塑造健康的生活方式。养成定期锻炼的习惯有助于学生维持适当的体重和身体形态，降低患肥胖症等健康问题的风险。通过参与各种体育活动，学生能够培养对健康饮食和生活规律的认识，形成良好的生活习惯。这对于预防慢性疾病、保持健康状态具有重要意义。

最后，体育锻炼也在社交方面产生积极影响。通过参与团体运动和比赛，学生有机会建立深厚的友谊，培养团队协作精神。这不仅有助于缓解学生的社交压力，还能提升他们的社交技能和人际关系。通过共同努力追求目标，学生学到了团队合作、互助互助的重要性，这些品质在日后的职业和社交生活中将大有裨益。

综上所述，体育锻炼对学生身体健康产生了多方面的积极影响，包括生理、心理、学业、生活方式和社交等方面。这些影响不但在学生的青少年时期显著，而且对于他们未来的整体发展也具有深远的意义。因此，我们应该高度重视推广体育锻炼和培养学生的健康生活习惯，以确保学生能够在身体和心理上取得全面的发展。

二、团队协作与领导力的培养

团队协作与领导力的培养是高等教育中体育活动的另一个重要方面，对学生成长和未来职业生涯的发展具有深远的影响。

首先，体育活动在培养学生团队协作能力方面发挥着独特的作用。通过参与各种体育团队，学生在共同的目标下学会协作，相互之间建立起紧密的合作关系。例如，在球类比赛中，学生需要相互配合、制定战术，并在比赛中迅速作出决策，这种团队协作的训练对于培养学生未来职场中所需的协同工作能力至关重要。

其次，体育活动提供了学生锻炼领导能力的宝贵机会，从而有助于提升他们的领导力素养。在体育队伍中，学生往往需要担任领队、队长等职务，这使他们能够在团队中扮演领导者的角色，学习如何激励队友、制定目标、处理冲突和解决问题。这些作为领导者的实践经验对于学生未来的职业发展至关重要，因为无论是在商业、政治还是其他领域，领导力都是成功的关键因素之一。

再次，体育活动还有助于培养学生的自信心和抗压能力。在比赛中，学生经常面临压力和挑战，但通过不断训练和努力，他们逐渐学会如何保持冷静、应对压力，并在关键时刻展现出自己的实力。这种自信心和抗压能力的培养对于学生未来的职业生涯同样具有重要意义，因为在职场中，他们同样需要面对各种挑战和压力。

最后，体育活动还能帮助学生培养积极的生活态度和健康的生活方式。通过参与体育活动，学生学会了如何平衡学业、工作和生活，如何在忙碌和压力中找到放松和享受的时刻。这种积极的生活态度和健康的生活方式对于学生的身心健康和未来的职业发展都具有积极的影响。

团队协作与领导力的培养是高等教育中体育活动的重要方面。通过参与体育活动，学生不仅能够提升自己的身体素质和技能水平，还能够培养团队协作、领导力、自信心和抗压能力等多方面的素养。这些素养对于学生未来的职业发展和人生道路都具有深远的影响。

三、情感管理与心理健康的关联

情感管理是指个体对自身情感的认知、表达和调控过程，而心理健康则是指个体在心理、情感和社会适应方面的良好状态。情感管理与心理健康之间存在着密切的联系，体育活动作为一种特殊的干预手段，对这两者均产生了深远的影响。

体育活动提供了一个独特的平台，让个体在参与体育活动的过程中体验各种情感，并通过适当的方式将情感表达出来。这种情感的表达和调控，对于个体的情感管理至关重要。

体育活动往往伴随着强烈的情感体验，如喜悦、兴奋、挫折和失落等。通过参与体育活动，个体能够在一个相对安全的环境中释放和表达自己的情感，从而减轻心理压力，缓解情感压抑。体育活动需要个体具备一定的自我调控能力，如控制情绪、保持冷静等。通过不断地实践和锻炼，个体能够逐渐学会如何在不同情境下调控自己的情感,提高自我认知和情感管理能力。体育活动通常是以团队或集体的形式进行的,这要求个体在表达和管理情感时考虑到他人的感受和需求。通过参与团队活动,个体能够学会如何在集体中表达自己的情感,如何与他人共享情感体验,从而促进情感的社会化。

体育锻炼作为一种积极的干预手段,对个体的心理健康产生了显著的影响。研究表明,适度的体育锻炼能够显著降低个体的焦虑和抑郁水平。通过锻炼,个体能够释放压力、放松身心,从而改善心理健康状况。

体育锻炼有助于个体在身体和心理上建立积极的自我形象,提高自尊感和自信心。当个体在运动中取得进步或成功时,他们会感受到自己的价值和能力,从而增强自信心。体育锻炼通常需要在团队或集体的环境中进行,这为个体提供了与他人交往和建立联系的机会。通过与他人合作、交流和分享,个体能够建立更加紧密的人际关系,增强社会适应能力。

随着年龄的增长,个体的心理功能可能会衰退。然而,研究表明,适度的体育锻炼能够延缓心理衰老的过程,保持个体的心理健康和认知能力。体育活动在情感管理与心理健康之间起到了桥梁作用。通过参与体育活动,个体不仅能够提高自己的情感管理能力,还能够促进心理健康的发展。体育活动为个体提供了一个积极的情感表达和管理平台,同时为心理健康提供了有效的干预手段。因此,我们应该鼓励个体积极参与体育活动,以促进情感管理与心理健康的协调发展。

情感管理与心理健康之间存在着密切的联系,而体育活动作为一种特殊的干预手段,对这两者均产生了深远的影响。通过参与体育活动,个体不仅能够提高自己的情感管理能力,还能够促进心理健康发展。因此,我们应该重视体育活动在情感管理与心理健康整合中的作用,鼓励个体积极参与体育活动,以促进情感管理与心理健康的协调发展。同时,我们也应该关注个体差异和需求,为个体提供多样化的体育活动选择和支持,以满足他们在情感管理和心理健康方面的不同需求。

四、学术成就与学生参与体育的相关性

近年来,越来越多的研究表明,体育锻炼不仅有助于身体健康,更对学生的学术表现产生积极的影响。同时,学生参与体育活动还能提高他们的学习动力和

成就感。

多项研究指出，适度的体育锻炼能够提高学生的认知能力，包括注意力、记忆力和思维能力等。这些认知能力的提升对于学术表现至关重要。例如，一项针对大学生的研究发现，积极参与有氧运动的学生数学和阅读的成绩显著提高。体育锻炼有助于调节情绪，减轻焦虑和压力。在紧张的学习环境中，情绪的稳定对于学术表现至关重要。研究表明，参与体育活动的学生在学习时更加专注，且能够更有效地应对学习压力。参与体育活动的学生通常需要在学业和训练之间合理分配时间。这种时间管理的经验有助于他们在学术上更好地安排学习和复习计划，从而提高学术效率。

体育活动为学生提供了多种挑战和机会，如比赛、训练等。当学生在体育领域取得成功时，他们会感受到强烈的成就感。这种成就感可以转化为学习上的动力，激励他们在学术上追求更高的目标。在体育团队中，学生需要学会与他人合作，共同为团队的目标努力。这种合作经验可以培养学生的团队精神和责任感，使他们更加珍惜学术上的团队协作机会，从而提高学习动力。通过参与体育活动，学生可以提高自己的自我效能感，即提高对自己能力的信心和信念。这种自信可以迁移到学术领域，使学生在面对学术挑战时更加自信，从而提高学习动力。

当学生在学术上取得优异成绩时，他们会更加珍惜自己的努力和付出。这种成就感可以转化为参与体育活动的动力，使他们更加积极地参与体育锻炼和比赛。通过参与体育活动，学生可以培养良好的学习习惯和时间管理能力，为取得学术成就创造有利条件。此外，体育活动中的挑战和合作经验也可以帮助学生提高应对学术挑战的能力。

学术成就与学生参与体育之间存在紧密的相关性。体育锻炼不仅有助于提高学生的学术表现，还能增强学生的学习动力和成就感。同时，取得学术成就也能为学生参与体育提供动力，两者相互促进。因此，我们应该鼓励学生积极参与体育活动，以促使他们在学术和个人成长方面全面发展。

为了实现这一目标，学校和社会应该为学生提供多样化的体育活动选择和支持。

首先，学校应该加强体育设施的建设和管理，为学生提供安全、舒适的运动环境。

其次，学校可以开设多样化的体育课程和俱乐部活动，以满足不同学生的兴趣和需求。学校还可以定期组织体育赛事和活动，为学生提供展示自己才华的平台。

最后，家庭和社会也应该鼓励学生参与体育活动。家长可以陪伴孩子一起进行体育锻炼，培养他们的运动兴趣和习惯。社会各界也可以通过赞助和支持学校体育活动、举办公益体育赛事等方式，为学生提供更多参与体育活动的机会和资源。学术成就与学生参与体育的相关性不容忽视。

第四节 高等教育中体育赛事的社会影响

体育赛事作为一种独特的文化现象，在高等教育中扮演着重要的角色。它不仅为学生提供了锻炼和竞技的平台，还对社会产生了广泛而深远的影响，包括塑造健康生活方式、促进社会交流、提升学校声誉、增强社会凝聚力、推动经济发展、促进文化交流与传承等方面。

一、塑造健康的生活方式

高等教育中的体育赛事，尤其是那些学生广泛参与的活动，如校园马拉松、篮球联赛等，为学生提供了积极参与体育锻炼的机会。这些赛事不仅促进了学生的身体健康，还有助于塑造健康的生活方式。学生通过参与体育赛事，学会了如何合理安排时间进行锻炼，培养了坚持运动的习惯。这种健康的生活方式将伴随他们一生，并对社会产生积极的影响，有助于全社会成员塑造健康的生活方式。

二、促进社会交流

体育赛事作为一种社交活动，为人们提供了交流和互动的平台。在高等教育中，体育赛事不仅是学生之间的竞技，更是他们相互了解和交流的机会。来自不同背景、不同专业的学生通过共同参与体育赛事，增进了彼此之间的了解和友谊。这种社会交流有助于学生间打破隔阂，促进校园内部的和谐与团结。

三、提升学校声誉

高校通过举办高水平的体育赛事，可以吸引社会的关注和支持，从而提升学校的声誉和影响力。当学校在各种体育赛事中取得优异成绩时，这不仅是对学校教学水平和体育实力的肯定，也是对学校整体形象的宣传和推广。学校声誉的提升将吸引更多的优秀学生和教育资源，形成良性循环。

四、增强社会凝聚力

体育赛事作为一种社会文化活动，具有强大的凝聚力和向心力。在高等教育中，体育赛事往往能够激发学生的集体荣誉感和归属感。通过共同为学校的荣誉而努力，学生们更加珍惜彼此之间的团结和合作。这种凝聚力不仅体现在校园内部，还能对社会产生积极的影响。学生们通过参加体育赛事形成的团队合作精神和集体荣誉感，将带动他们在未来的工作和生活中更加积极地参与社会建设。

五、推动经济发展

高等教育中的体育赛事对于地方经济的发展也起到了积极的推动作用。一方面，体育赛事的举办需要投入大量的人力、物力和财力，这直接促进了相关产业的发展，如体育器材、餐饮、住宿等。另一方面，体育赛事的举办还能吸引大量的观众和游客，带动当地的旅游业发展，促进消费。这些经济活动为地方经济的发展注入了新的活力，促进了经济的繁荣。

以通辽市为例，分析体育活动对经济发展的影响。

体育彩票销售屡创新高。"十三五"期间，全市体育彩票销售网点达到649家，2015～2017年体育彩票销售额连续三年突破5亿元，2018年销售额达7亿元，创历史最高销量，2019年销售额达6.5亿元。"十三五"时期，全市共销售体育彩票29亿元。截至2020年年底，体育彩票销售累积返还公益金2.2亿元，为体育事业发展提供了有力的资金保障。

体育用品销售和体育消费不断增长。"十三五"期间，体育用品销售市场迎来加速发展，在万达广场、欧亚联营、金叶广场、民主路等商场和路段，形成了以销售体育服装、健身器材为主的体育用品销售市场，极大地促进了体育消费市场的发展。社会组织和私人经营的民营乒乓球馆、羽毛球馆、篮排球馆、健身房等体育场馆不断发展壮大，缓解了体育场馆不足的局面，为市民群众运动健身提供了更多选择。民族体育产业不断发展，通辽市生产的布鲁、马具等民族体育用品已成为全国、内蒙古自治区区民运会指定专用器材。

体育赛事拉动体育产业效益逐步提升。"十三五"期间，每年举办穿越科尔沁库伦银沙湾越野嘉年华赛会，奈曼宝古图沙漠那达慕暨越野拉力赛和500公里风景大道自驾游等赛事活动，承办的全国公路自行车冠军赛·通辽站、"亚洲巴哈——一站到底"越野汽车拉力赛、莫力庙沙湖公路自行车赛等各具特色的赛事。自2016～2019年连续三年承办ITF国际女子网球巡回赛·奈曼站比赛。2020年又相继举办了科尔沁马拉松、科尔沁公路自行车赛。有力拉动了当地旅游业和经济发展，推动了体育与旅游、文化融合，初步形成了"车"产业氛围、民族传统体育赛事的亮点、汽车自驾游体系，逐渐探索出一条通过高标准体育场馆引进高水平赛事的路子，体育赛事活动拉动经济发展的作用不断显现。

足球发展体系逐渐完善。"十三五"期间，有效打造"送出去"和"引进来"两个人才培养渠道及"校园足球""社会足球""青少年U系列足球"三个梯次板块的"2+3"足球发展体系。实现从5～16岁各年龄段队伍全覆盖，先后获得内蒙古自治区、全国以及国际各项赛事冠军20项次。累计培养国家一级足球运动员58名、国家二级运动员194名，全市累计注册球员达5000余人，足球人口突破5万人。

人才输送和引进不断增加。"十三五"期间，先后输送3批次、52名优秀青少年足球队员到广州恒大足球学校委托培养，进行系统训练。累计获得国际赛事冠军2项、季军1项，国家级赛事亚军1项、季军1项，内蒙古自治区级赛事冠军5项、亚军3项、季军1项。深入上海、广州、长春、沈阳、大连等足球发展先进地区，聘请具有执教中甲、中乙等职业球队经验的高水平教练员13人。举办中国足协D级教练员培训班9期、初级教练员培训班8期，累计培训教练员300人次；举办国家二级足球裁判员培训班6期，邀请现役中超联赛、全国5人制裁判授课6期，共培训裁判员300余人次。

社会足球常态化发展。"十三五"期间，有效整合各级各类资金，新建大型足球馆3座，新建、改造各类足球场地300余片，启动建设内蒙古自治区东部青少年足球训练基地。通过免费或低收费的方式，向社会开放足球场馆70处。校园足球联赛、社足球联赛、职工足球联赛以及五人制业余足球联赛等各级各类足球赛事活动常规开展，全市足球甲级、乙级业余联赛参与规模不断扩大，参赛球队平均在30支以上。从2017年开始，连续举办了"通辽杯"四省区足球邀请赛，邀请包括长春亚泰俱乐部等东三省和通辽周边盟市高水平俱乐部参赛，打造通辽足球品牌赛事。此外，奈曼旗、库伦旗的沙漠足球以及扎旗、霍林河的冬季雪地足球等特色地方赛事活动也逐步形成。

六、促进文化交流与传承

体育赛事不仅是体育竞技的平台，也是文化交流和传承的重要载体。在高等教育中，体育赛事往往融合了不同地域、不同民族的文化元素，为学生提供了了解和体验多元文化的机会。通过参与体育赛事，学生们可以更加深入地感受不同文化的魅力，促进文化之间的交流与融合。同时，体育赛事也是传承和弘扬传统文化的重要途径。一些具有历史底蕴和民族特色的体育赛事，如龙舟赛、武术比赛等，不仅能够激发学生的民族自豪感和文化自信，还能够推动传统文化的传承和发展。

高等教育中的体育赛事能产生广泛而深远的社会影响。它们不仅塑造了学生健康的生活方式，促进了社会交流，提升了学校声誉，增强了社会凝聚力，还推动了经济发展，促进了文化交流与传承。因此，我们应该高度重视高等教育中的体育赛事的举办和发展，充分发挥其在社会发展中的积极作用。

第三章 体育经济发展的挑战

第一节 财务压力

一、预算短缺的后果

预算短缺问题给高校体育经济带来了严重影响，其深层原因和不可忽视的后果需要我们深思和改善。首先，不可否认的是，预算短缺的一个主要原因是资金分配不均。学校往往将更多资源用于学术科研等方面，而对于体育经费的投入较少。这种分配不均使得高校体育部门陷入了预算短缺。其次，高校体育领域存在不同项目和团队的需求差异。然而，由于资源分配选择上的偏见和片面，一些项目和团队无法获得足够的财政支持。这导致出色运动员和团队在竞技水平以及训练条件上的不公平待遇，限制了高校体育事业的整体进步。最后，由于市场环境的波动和广告主对体育项目的权衡，赞助和广告收入时有起伏。这种不稳定性极大地增加了高校体育经济的风险，使得财务预算无法得到充分保障，从而导致预算短缺问题的产生。

高校体育预算短缺会导致教学质量下降。缺乏足够的经费投入，学校无法提供先进的体育设施和装备，无法聘请优秀的教练员和专业人员。这将影响学生的体育教育质量，甚至影响学生的学习兴趣和专业发展。

预算短缺会导致高校体育运动成绩的下降。缺乏足够的经费支持，学校难以提供充分的训练和比赛机会，无法吸引和培养优秀的学生运动员。这将导致学校在各类体育比赛中表现不佳，影响学校的竞技形象和声誉。

预算短缺会导致学校的招生竞争力下降。学生和家长在选择学校时，往往会考虑学校的体育环境和体育资源。如果学校的体育设施和体育经费不足，学生会选择其他学校，这将对学校的招生产生负面影响。

高校体育预算短缺还会导致学校的市场影响力减弱。体育赛事和活动是学校树立品牌形象和吸引赞助商的重要途径之一。然而，由于预算短缺，学校无法承办大型的体育赛事和活动，无法吸引观众和媒体的关注，降低了学校市场影响力。

预算短缺会导致高校体育师资队伍的不稳定。缺乏足够的经费支持，学校难以留住优秀的教练员和专业人员。这将使得学校的师资队伍流动性增大，影响体育教育的连续性和稳定性。

综上所述，高校体育预算短缺对学校产生深远影响：教学质量、运动成绩、招生竞争力的下降和市场影响力减弱以及师资队伍不稳定。因此，学校应该加大对体育经费的投入，提高体育发展的重视程度，以保障高校体育的健康发展与持续进步。同时，需要改革经费分配机制，增加运营。要解决预算短缺问题，高校需要更加精细的资金管理和科学的分配策略。政府和相关机构应该制定明确的资金分配规划，确保资源的合理配置，使更多项目和团队得到发展和支持。此外，高校体育产业也需要借助市场机制来实现可持续发展，通过创新赞助和广告模式，提高体育经济的稳定性和可靠性。

二、学费和体育项目之间的竞争

体育产业的发展不仅需要大量的资金投入，还会吸引大量的资金，高校体育产业经费不能仅靠政府拨款、社会的赞助以及各类体育赛事的奖金来维持，而应该加大对自身优势资源的开发，通过提供有偿体育服务产品来获取经费。目前，我国高校中经常通过提供此类产品获取经费的高校占比为10%，偶尔提供此类产品获取经费的高校占比为60%，没有通过提供此类产品获取经费的高校占比为30%。但是就频率来看，多数高校属于偶尔有或者没有通过提供有偿体育服务获取经费的，合计占比为90%。高校通过体育资源开发，获取体育经费，就短期收益来看，可以有效地解决高校内部体育经费获取被动性的问题，也会为高校提供公共体育服务，为实现体育资源的社会效益提供保障。

对于大多数高校而言，学费收入是主要的经济来源之一。学校需要依赖学生缴纳的学费实现正常运作和发展。因此，学校往往将更多资源和经费用于提供学术课程和专业发展，而对于体育项目的投入相对有限。体育项目的运营成本通常较高，包括场地租金、设备购置、教练酬劳等。这对高校体育项目的发展提出了挑战。相比之下，学生缴纳的学费收入相对稳定，而且要求学校提供学术教育和学科研究。学费和体育项目之间的本质竞争在于高校资源有限的现实。高等教育是建立在学术研究和知识传承基础之上的，而学费是维持高等教育自身运转的重要来源。在有限的经济条件下，高校往往需要对资源进行合理配置，以满足不同领域的需求。学费和体育项目之间的竞争不可避免地出现，由此带来的预算短缺问题日益凸显。

学费和体育项目之间的竞争还与观念和价值观的差异有关。传统观念中，高等教育应该以学术为主导，注重培养学生的学术能力。然而，近年来，体育项目的重要性也引起了广泛关注，体育在学生身心健康和全面发展方面起着重要作用。这种观念的互相碰撞，使得学费和体育项目之间的竞争日趋激烈。随着经济的快速发展和学生需求的多元化，很多学生更倾向于选择专业课程和学术发展，而不是参与体育项目。这使学校在体育项目的发展和投入上更加谨慎。学校无法投入足够的经费和资源来开展体育项目，无法提供先进的设施和培训机会，最终限制了学生在体育方面的发展。

学费和体育项目之间的竞争所带来的后果是不可忽视的。首先，预算短缺限制了体育设施和器材的改进与完善，影响了学生的体育锻炼效果和体育项目的发展。其次，预算短缺阻碍了高校体育产业链的延伸，使得学生失去了更多发展潜力。此外，预算短缺还削弱了高校体育事业的吸引力和影响力，逐渐减弱学生们对体育的热情和参与度，对于注重学生全面培养的高校来说，这无疑是一种遗憾。

综上所述，学费和体育项目之间的竞争对高校体育项目的发展产生了重要影响。为了解决学费和体育项目之间的竞争问题，高校需要寻找平衡和整合的方法。首先，高校应制定明确的财务分配策略，合理调配资源，保证学术和体育两个领域的发展。

第二节　运营成本的上升

随着高校体育事业的快速发展，运营成本的上升成为一个令人关注的问题。特别是赛季安排和旅行支出的增加，给高校体育经济带来了一定的财务压力。

首先，赛季安排的增加与提供更多体育项目和机会的需求有关。随着学生对体育活动多样化的需求不断增长，高校需要组织更多比赛来满足学生的各项需求。然而，赛季安排的增加也导致运营成本的上升。比如，组织赛事需要投入大量的人力、物力，并且需要承担场地租赁和设备采购的费用，这无疑加大了高校的财务负担。并且，随着赛事数量的增加和级别的提高，赛季安排变得越来越复杂。需要投入大量的人力和时间来安排比赛日程、场地租赁和相关事宜，这增加了体育项目的运营成本。

其次，旅行支出的增加与赛季安排的扩大有关。为了提供更多的竞争机会和提升体育项目水平，高校需要组织队伍参加外地比赛和交流活动。这涉及交通费、住宿费、餐饮费等项支出，增加了高校的开支。特别是长途旅行所需的费用更显著，而这些费用通常由学校承担。

运营成本的增加会导致经费的分配困难。高校在财务规划和预算分配时需要考虑到不同领域的需求和优先级，而运营成本的增加，会影响其他领域的资金供应。这导致体育项目无法获得足够的经费支持，阻碍了体育项目的发展和运营。

运营成本的上升对高校财务状况造成压力。如果高校无法有效管理运营成本，则会面临财务困难和压力，甚至出现预算短缺的情况。这将影响高校的整体运营和发展，包括学术教育和各项事业的推进。

运营成本的增加会导致高校无法提供足够的资金支持，影响了吸引优秀运动员的能力。高水平的运动员通常希望加入实力强大、资源充足的体育项目，如果高校无法提供充足的资金用于培训和奖励，则会失去吸引优秀运动员的竞争力。

为了解决运营成本上升的问题，高校需要采取一系列措施。首先，高校可以合理优化赛季安排，减少赛事冗余和重复，提高赛事质量和效益。其次，高校可以通过资源整合和联合举办赛事，减少组织成本，提高运营效率。

对于旅行支出的控制，高校也可以探索一些有效的方式。例如，通过与其他高校建立合作关系，实现交流和比赛的互访，减轻长途旅行带来的费用压力。此外，高校还可以与相关商家和赞助商合作，寻求赞助支持或优惠待遇，从而减少旅行支出。

在解决运营成本上升问题的过程中，高校还需要积极寻求外部支持，如财政补贴和政策支持，为高校体育经济的稳定发展提供保障。同时，高校也可以积极与社会各界建立合作伙伴关系，共同分担运营成本，实现共赢。

第三节 竞争加剧与市场压力

一、校际竞争和卫星电视合同

高校体育经济发展的竞争加剧与市场压力是当前高校体育领域面临的重要问题。其中，校际竞争和卫星电视合同是两个主要方面。

1. 校际竞争

随着高校体育项目的普及和发展，校际间的竞争越来越激烈。各个高校争夺优秀的学生运动员和教练员，以提高自己的体育项目水平和竞争力。高校为了吸引人才，需要在奖学金、培训和设施等方面投入更多资金。校际竞争的激烈性导致高校体育经济发展的竞争加剧。这种竞争主要体现在以下几个方面：

体育项目：学校之间争夺热门体育项目的优势，如足球、篮球、田径等。通过在这些项目上取得好成绩，高校可以提升自身的知名度和形象，吸引更多学生和赞助商。高校体育项目的成功和发展对于学校的形象和声誉具有重要意义。各校在学生招生和赞助商合作方面的竞争也推动了校际体育比赛的激烈进行。然而，校际竞争的加剧也带来了运营成本的上升。例如，组织比赛需要投入大量的人力、物力，并且需要承担场地租赁和设备采购的费用，这无疑给高校的财务压力带来了相当大的挑战。

运动员招募：学校争夺优秀运动员的招募权，通过提供奖学金、培养计划和专业教练团队等方式，吸引顶级运动员加入自己的体育队伍。

赛事举办：学校争夺举办大型体育赛事的机会，如校际比赛、全国大学生运动会等。这不仅能够提高学校的知名度，还可以为学生提供展示自我的平台。

设施建设：学校争夺体育设施的建设和改造，以提供更好的训练和比赛条件。具备先进设施的学校在吸引优秀运动员和举办赛事方面具有竞争优势。

校际竞争的加剧使得高校需要投入更多的资源和精力来提升体育水平和影响力，但同时也增加了经济压力和管理难度。

2. 卫星电视合同

随着体育产业的快速发展，越来越多的高校将体育比赛的转播权出售给卫星电视台或其他媒体机构，以获取经济收益和提升学校形象。

经济收益：通过签订卫星电视合同，高校可以获得来自电视台的版权费用和赞助商的广告收入。这些收入可以用于体育设施建设、教练员培养、运动员奖励等方面，推动高校体育产业的发展。随着体育产业的迅猛发展，大型体育赛事的版权费值得高校争夺。高校为了提高知名度和吸引更多观众，经常与卫星电视台签订合作协议，将体育赛事转播权出售给电视台。然而，卫星电视合同的签署也增加了高校面临的市场压力。电视台对赛事的要求较高，高校需要投入更多的资源来满足这些要求，并且要面对合同履行期间所带来的经济压力。

形象提升：高校体育比赛的转播可以扩大学校的影响力和知名度，提升学校的形象和品牌价值。这对于吸引优秀学生、赞助商和合作伙伴都产生积极影响。

然而，高校体育签订卫星电视合同也面临了一些挑战和压力。例如，高校需要投入大量的资源来提升比赛的品质和赛事组织能力，以满足电视台和观众的需求。同时，由于竞争加剧，签订有利的合同条件变得更加困难。

校际竞争和卫星电视合同的影响导致高校体育经济发展需要增加经济投入。为了提高竞争力和吸引力，高校在奖学金、设施改善、培训和宣传等方面需要投入更多资金。这增加了高校体育项目的运营成本和财务压力。经济投入的增加会导致经费分配的困难。学校在进行财务规划和预算分配时需要平衡不同领域的需求和优先级，而面对经济投入的增加，则无法满足体育项目的全部需求。这会给体育项目的发展和运营带来一定的限制和挑战。

二、媒体权和转播权的价值

高校体育经济发展的竞争加剧和市场压力在很大程度上与媒体权和转播权的价值密切相关。媒体权和转播权是指将高校体育比赛的转播权出售给媒体机构，通过电视、网络等渠道向观众传播比赛内容的权益。以下是对媒体权和转播权的价值的讨论：

1. 经济价值

媒体权和转播权具有重要的经济价值。高校体育赛事通常通过不同的媒体进行报道和传播，如电视、广播、网络等。媒体关注度和曝光度对于高校体育经济发展至关重要，它可以吸引赞助商的关注和投资，增加高校体育项目的收入。因此，对于媒体权的争夺和利用成为竞争的焦点。随着体育产业的快速发展和广告市场的扩大，高校体育比赛的转播成为吸引广告商投放广告的重要平台。媒体机构愿意购买转播权，并通过广告收入回收投资。同时，高校也能从转播权中获得版权费用，用于体育设施建设、运动员培养等，推动体育事业的发展。随着人们对体育赛事的关注和媒体传播的飞速发展，体育赛事的转播权和媒体权价值不断攀升。高校体育项目的成功和知名度对于各大媒体平台具有吸引力，媒体公司愿意支付高额费用来获得体育赛事的转播权。然而，媒体权和转播权的升值也使高校面临一定的市场压力。高校需要投入大量的资源来满足媒体平台对赛事转播的要求，并且要应对合同履行期间所带来的经济压力。

2. 品牌价值

当下时代发展迅猛，人们接触的新鲜事物不断增多，高校体育比赛的转播可以提升学校的品牌价值。通过电视、网络等媒体渠道的广泛传播，学校的形象和知名度得以扩大。这对于吸引优秀学生、赞助商和合作伙伴产生积极影响。

3. 推广价值

高校体育比赛的转播可以为广大观众提供优秀的体育表现和精彩的比赛内容，激发人们对体育运动的兴趣和热爱。这有助于推动全民健身和体育文化的传播，为社会培养更多体育人才。高校通过转播权的价值，能够在教育层面发挥积极作用。

高校可以通过将体育赛事转播权出售给媒体公司获得丰厚的经济回报。在这一利益驱动下，高校的体育项目更加注重商业化运作，以追求更高的收入。然而，过度商业化会导致体育赛事的本质被侵蚀，削弱其教育和培养功能。

综上所述，媒体权和转播权在高校体育经济发展中具有重要价值。它们不仅具备经济价值，通过版权费用和广告收入带来经济回报，还能提升学校的品牌价值、推广价值和影响力。同时，转播权也具备教育价值，通过传递体育文化和激发观众的兴趣，推动体育教育的普及和发展。因此，高校在面对竞争加剧和市场压力时，需要充分认识和利用媒体权与转播权的价值，制定合理的策略来推动体育经济的可持续发展。

第四节　法规政策与监管压力

体育经济的发展受到法规政策和监管环境的深刻影响，这是一个不容忽视的重要方面。在体育产业的发展过程中，政府扮演着至关重要的角色，通过制定和实施各种法规政策，对体育产业进行监管和调控。这些政策不仅直接影响体育产业的运营模式和盈利能力，还间接影响体育经济的整体发展。

党中央、国务院对体育作出了一系列重大决策部署，把全民健身上升为国家战略，体育作为全面深化改革、促进经济社会发展的重要内容，极大地激发了经济社会发展活力，体育在增强人民体质、服务社会民生、助力经济转型升级中的作用更加突出。《国务院关于新时代支持革命老区振兴发展的意见》（国发〔2021〕3号）、《闽西革命老区高质量发展示范区建设方案》（发改振兴〔2022〕424号）及《革命老区重点城市对口合作工作方案》（发改振兴〔2022〕766号）等政策红利持续释放，体现了党中央、国务院对老区、苏区发展的殷切期望，大大激发了体育发展的内生动力和发展活力。信息化时代的体育发展，正得益于5G、人工智能、大数据、移动互联网、物联网以及云计算等先进技术的深度融合。这种协同作用为体育注入了新的活力，使其具备了更为强大的内在发展动力。体育不再局限于传统的领域，而是与政治、经济、社会、文化等各个领域产生更为紧密和积极的互动。可以预见，体育正迈入一个全新的黄金发展期，将展现出更加广阔的前景和释放出无限的潜力。

一、政府对体育产业的监管力度

政府对体育产业的监管力度是影响体育经济发展的关键因素之一。随着体育产业的快速发展，政府对体育市场的监管力度也逐渐加强。政府通过制定和实施相关法律法规，对体育市场的准入、运营、退出等各个环节进行规范和监督。这种监管力度的加强，有助于维护市场秩序，保护消费者权益，但也给体育经济组织带来了更大的合规成本和运营压力。

二、税收政策对体育经济的影响

税收政策是影响体育经济发展的另一个重要因素。政府对体育产业的税收政策直接影响体育经济组织的盈利能力和竞争力。合理的税收政策可以鼓励体育产业的发展，吸引更多的投资和资源进入体育产业，推动体育经济的快速增长。然而，过高的税收负担可能会增加体育经济组织的运营成本，降低其盈利能力，甚至可能阻碍体育产业的健康发展。

三、产业政策对体育经济的引导

产业政策是政府引导和调控体育经济发展的重要手段。政府通过制定和实施产业政策，鼓励和支持体育产业的发展，引导资本和资源向体育产业聚集。同时，政府还可以通过产业政策的调整，优化体育产业结构，推动体育产业向高端化、智能化、绿色化方向发展。这些产业政策的实施，对于体育经济的健康发展具有积极的推动作用。

四、知识产权保护对体育经济的保障

知识产权保护是体育经济发展的重要保障。体育产业的发展离不开对知识产权的保护，如体育赛事的转播权、运动员的形象权、体育品牌的商标权等。这些知识产权的保护对于维护体育市场的公平竞争、激发创新活力具有重要意义。政府通过加强知识产权保护力度，打击侵权行为，为体育经济组织提供良好的创新环境和市场秩序。

经过不断健全和完善相关法律法规，我国在对奥运知识产权的保护方面所取得的显著成果，除了与时俱进的法律法规，还有雷霆万钧的专项行动，既有国家层面的行动部署，也有全国各地的全面排查，构建了层次递进、衔接有序的共治格局。奥林匹克知识产权的保护只是体育知识产权保护的一小部分，我们需要面对的是，当前的体育知识产权相关法律法规确实有待完善。

从中国体育法治的发展历程来看，体育知识产权的研究方向主要包括体育赛事转播权、体育无形资产、体育标志、体育商标及奥林匹克知识产权。体育知识产权具有行业特殊性，它可能是体育活动中出现的知识产权问题（行为论），又可能是体育活动主体遇到的知识产权问题（主体论）或者体育活动的结果与知识产权相关的问题（结果论），不是简单的"体育+知识产权"。

从主体论的角度来说，主要涉及难美类的竞技体育项目，包括竞技体操、艺术体操、蹦床、技巧、健美操、跳水、花样游泳、花样滑冰、自由式滑雪空中技巧、单板滑雪空中技巧及武术套路等。《中华人民共和国著作权法》规定，独创性和可复制性是成就作品的要件。体育运动的可复制性在技术上早已不是问题，但其独创性却尚未得到学界的普遍认同。此类项目著作权主体到底是谁，一直都很难认定。体育作品主体取得著作权有原始取得和继受取得两种方式，但原始取得的界定中乱象纷呈，让人眼花缭乱。

2022年北京冬奥会上，隋文静、韩聪双人滑冰组合在《忧愁河上的金桥》的旋律中翩然起舞，凭借一套近乎完美的动作夺冠。他们呈现了完美炫目的动作、音乐以及综合性的艺术表现形式，但并非两人独创，背后有着一支庞大的团队。如果把它作为一部作品来看待，难点在于认定谁是这个作品的著作权人。

体育作品的著作权人还涉及运动员个人和其所属运动队间的关系问题，著作权到底归属运动员本人还是运动队，之间的权益如何划分，其中有很多问题。目前无论是理论研究还是实践研究，都存在着一些分歧。

体育知识产权法治的研究是系统性工程，既有营利属性，又有公益属性，既涉及法律法规，又涉及大量行业的规则。就具体赛事而言，不仅涉及营利性赞助合同，也涉及国家宏观政策、体育行业和体育产权的税收减免等很多问题，会影响知识产权的产生、运用及其交易等诸多环节。

在诸多问题中，最典型的是现行《中华人民共和国体育法》（以下简称体育法）对很多体育法律行为缺乏调整性的规范，并且著作权法、专利法、商标法等也没有把相关的体育知识产权内容纳入其中。体育知识产权相关立法的法律位阶比较低，而且不系统，只能提供较低层次的法律保障。此外，体育知识产权与现有知识产权制度衔接不完整、不连贯，特别是对体育知识产权的保护力度不足。

体育知识产权的保护道路任重而道远，我们可以以特殊标志或者大家所关注的热门问题为基础，对整个保护体系和保护范围深入研究与探讨。例如，除了体育作品本身的知识产权问题，关于其后续传播所涉及的许可权问题也亟待解决。近年来兴起的各类网络直播，就为体育赛事节目的知识产权保护带来了极大威胁，各类侵权争议频频发生。

对于体育赛事转播权的原始许可权利，能不能在知识产权法领域，特别是在著作权法上加以界定，也在业界引发了较多讨论。在体育赛事转播权的保护中，主要争议在于：体育赛事转播应该认定为作品还是录像制品，是属于著作权还是邻接权。2020年，《中华人民共和著作权法》修改后，包括体育赛事转播权在内的无形财产，已经明确地纳入视听作品的保护范围内。这就为整个体育知识产权，包括体育赛事转播权的保护都提供了基本的法律依据。

《体育法》是体育知识产权保护的基本法，它对体育知识产权保护应起到指引作用。建议《体育法》中制定原则性的条款，对体育知识产权通过简明扼要的列举进行保护。《体育法》应充分体现体育各个领域的法律法规需求，受到体育法律法规保护的体育知识产权范围应全面。

《体育法》的维度决定了它只能解决原则性的问题。所以，不能过于细化体育法中的知识产权保护的条款，否则就取代了现有的著作权法，这是不合理的。一方面要做好衔接的问题；另一方面，如果体育法中是用宣示性的条款保护权利，还要明确到底保护的是何种权利。此外，国家层面的立法并不是万能的，还需要通过位阶更低的规范性文件及司法实践解决相关问题。

任何事业和产业的发展，都离不开立法、执法、司法、守法等全方位、多层次的法治保障，加强体育知识产权保护也应如此。除了立法，在执法、司法、法律服务等层面，笔者认为还要加强体育行政执法的规范和统一，行政规制或行政执法对体育知识产权侵权的救济具有高效和快捷的优势，可以短期内处理侵权问题，维护知识产权人的相关利益。目前全国各个地方体育执法机构队伍差异很大，部分地方体育局缺少一支完整的执法队伍，缺少建立专门化的行政执法队伍和力量。行政执法的规范和统一，能发挥出其在体育知识产权保护中的独特作用。

五、体育经济组织应对法规政策与监管压力的策略

面对法规政策与监管压力，体育经济组织需要采取积极的应对策略。

首先，体育经济组织需要密切关注政策变化，及时了解政府的监管导向和政策走向。通过深入研究政策文件、参加政策解读会议等方式，确保对政策有准确的理解和把握。

其次，体育经济组织需要建立健全的合规管理体系，确保业务运营符合法律法规的要求。这包括完善内部管理制度、加强员工培训、设立合规部门等。通过合规管理体系的建设，降低因违规行为而引发的法律风险和经济损失。

再次，体育经济组织还应加强与政府部门的沟通与合作，积极参与政策制定和咨询过程。通过与政府部门的深入交流，了解政府的政策意图和发展方向，为政策制定提供有益的建议和意见。这有助于体育经济组织在政策制定过程中争取更多的利益和支持。

最后，体育经济组织需要不断提升自身的创新能力和竞争力，以适应法规政策与监管环境的变化。通过加大研发投入、引进先进技术、拓展市场渠道等方式，不断提升产品和服务的质量和水平。同时，体育经济组织还应关注行业发展趋势和市场需求变化，及时调整战略和业务模式，以保持竞争优势和可持续发展。

法规政策与监管压力是体育经济发展过程中不可忽视的重要挑战。体育经济组织需要密切关注政策变化，加强合规管理，与政府部门保持沟通与合作，并不断提升自身的创新能力和竞争力，以应对法规政策与监管环境的挑战。通过积极的应对策略和措施，体育经济组织可以在法规政策与监管环境的支持下实现健康、可持续的发展。

第五节　社会道德与价值观挑战

体育经济的发展在多个层面上受到众多因素的制约和影响，其中，社会道德和价值观的影响尤为深远。这是因为体育产业不仅是一项经济活动，它更是一个社会文化现象，其背后蕴含着人们对公平、正义、责任和诚信的期待。因此，体育经济的发展必须与社会道德和价值观相契合，否则将面临严重的挑战。

一、社会道德与价值观对体育经济的深远影响

社会道德和价值观是一个社会的精神支柱，不仅影响着人们的日常行为，还塑造着整个社会的风貌。在体育领域，这些价值观和道德准则更是被赋予了特殊的意义。公平竞争、尊重对手、诚信经营等价值观，既是体育竞赛的基本原则，也是体育产业发展的基石。

二、体育经济中违背社会道德和价值观的行为

在实际运营过程中，体育经济领域却有时出现一些违背社会道德和价值观的行为。这些行为不仅损害了体育产业的声誉和形象，还对体育经济的可持续发展造成了严重的影响。

近年来，运动员违规投注比赛、违法操纵比赛结果等现象时有发生。少数运动员严重违背了体育诚信和职业道德，损害了体育形象，败坏了社会风气。体育总局、公安部联合印发了《体育总局　公安部关于加强体育赛场行为规范管理的若干意见》，为规范体育赛事活动和赛场行为发挥了积极作用。2022年，《体育总　公安部关于严肃查处赌博、假球等违规违纪违法行为　切实强化行业自律自治的通知》(以下简称《通知》发布)，针对赛事活动中出现的赌博、假球等违规违纪违法行为出台专门文件，有利于解决相关管理规定不具体、行业协会规则不完善、处罚依据不明确、处罚幅度不适当等问题。

体育经济中违背社会道德和价值观的行为中，典型的行为有违规使用兴奋剂和球场暴力。

（一）违规使用兴奋剂

兴奋剂问题是体育领域的一大顽疾。为了追求短期的竞技成绩，一些运动员不惜使用违禁药物，这不仅损害了体育竞赛的公平性和公正性，也严重损害了运动员的身心健康。运动员违规使用兴奋剂不仅会让人们对体育竞赛的信任度降低，也会对体育产业的可持续发展造成严重的威胁。

（二）球场暴力

球场暴力是另一个令人深恶痛绝的问题。在激烈的比赛中，一些球迷和运动员因情绪激动而失去理智，导致发生球场暴力事件。这些暴力行为不仅威胁着人们的生命安全，也严重破坏了体育竞赛的和谐氛围。球场暴力的存在，不仅让人们对体育竞赛的热情降低，也对体育产业的形象造成了严重的损害。

三、体育经济应对社会道德与价值观挑战的策略

面对这些违背社会道德和价值观的行为，体育经济必须采取积极的策略来应对。

首先，政府和社会应该加强体育领域的法律法规建设，明确禁止违背社会道德和价值观的行为，并加大对违法行为的处罚力度。通过严格的法律法规，规范体育市场的秩序，维护体育竞赛的公平性和公正性。

其次，应该加强对运动员、教练员和球迷的道德教育和价值观引导。通过教育和引导，让人们深刻认识到体育竞赛的本质和价值，树立正确的价值观和道德观。同时，还应该加强对运动员的心理辅导和素质教育，帮助他们建立健康的心态和正确的竞技观念。

再次，体育产业自身也应该加强行业自律和监管。通过建立完善的行业规范和自律机制，约束行业内部的行为，维护行业的声誉和形象。同时，还应该加强对体育产业各个环节的监管，确保体育经济活动的合规性和合法性。

最后，应该积极推动体育文化的健康发展。通过举办各种体育文化活动、加强体育知识的普及和宣传、推动体育与文化的融合等方式，营造积极向上的体育文化氛围。健康的体育文化不仅能提升人们的文化素养和审美水平，还能激发人们对体育的热情和参与度，为体育经济的可持续发展提供有力的支撑。

社会道德和价值观对体育经济的影响深远而重要。面对社会道德和价值观的挑战，体育经济必须采取积极的策略来应对。通过加强法律法规建设、提升道德教育和价值观引导、加强行业自律和监管以及推动体育文化的健康发展等方式，我们可以有效应对这些挑战，推动体育经济的健康、可持续发展。同时，这也需要我们每一个人都积极参与进来，共同营造一个公平、公正、诚信、和谐的体育环境。

第四章 解决方案和策略

第一节 提高营销策略与品牌建设

一、推广体育文化价值

赛事主办方应加强宣传体育价值观、体育精神、体育文化，以及赛场运动员表现出来的坚韧的意志，顽强的信念，努力拼搏的精神；同时加强对赛事的包装，赛场上震撼的标语、可爱的吉祥物、明亮的场地、先进的科技等都是可包装的客体，可以吸引更多朋友了解体育赛事并参与其中；同时主办方应成立赛事宣传小组，利用手机网络平台，负责记录比赛的精彩瞬间。主办方不可只为博人眼球，仅仅瞄准竞赛结果而忽视人本身的发展。

高校体育竞赛的文化价值应时刻以育人为核心，一切活动的出发点都应凸显育人功能。高校体育竞赛需以促进人的全面发展为核心，培养学生面对挑战时拥有勇攀高峰的心态，敢于拼搏的精神，培养团结协作意识、大局意识、规则意识，把体育的优良作风内化于行动，把体育的精神转化为不懈奋斗的动力，通过体育竞赛回归育人本质；而不是专注于强调学生运动员竞技水平，不能把成绩高低作为评判运动员优秀与否的唯一标准。重结果、轻过程是体育竞赛目标理念本末倒置的体现，提高学生运动员技能水平，培养出优秀运动员是高校的责任，提升文化课水平，促进学生的全面发展是对高校培养人才提出的要求。

借赛事的开展对其竞赛项目进行文化探析，以新的形式探索体育内涵，弘扬文化底蕴。新时代体育是需要多元融合的，体育在不同学科的结合下可以碰撞出不一样的火花，现如今，体教融合、体医融合、体美融合等多学科融合势不可当，深挖体育资源，在多学科共同作用下才能尽显体育风采。高校是集天下英才的高级学府，具有得天独厚的优势条件，将多学科融合落在实处将会产生巨大的反响。高校在承接并开展大型体育赛事的同时，可推出与赛事相关的画展，邀请全校师生共同参与，画展内容可以是自己与某一项目的情怀，可以是校园某一个体育场馆，某一个体育设施，这样一边是运动员赛场上汗流浃背、奋勇拼搏的样子，另一边是宁静、惬意的画展欣赏，体育与美育相交融。再者，亦可创建体育摄影展览棚，可以是图文并茂地抒发自己的体育感受，可以是一幅短篇体育记载，还可以是某个名人的体育事迹等。高校可利用群众在观看完紧张激烈的体育比赛后想要学习某项运动的激动心情，以及参赛者在比赛之余还想进一步扩展对该项目知识层面的了解，多承接和举办赛事，以弘扬体育精神，发展体育文化。

教师教练员应善用皮格马利翁效应（教师期待），通过日常的学习、训练善于发现学生的闪光点，给予一定的称赞与期许，通过班赛、院赛、校际间联赛等以及根据比赛项目的特点，利用微博、微信等网络平台评出"全场最佳球员""场上最快球员""最佳守门员""最佳配合球员"等，这些称号可以由观众起名，也可运动员自己起名，最后进行综合评比，这时候群众效益来源于运动员个人魅力，运动员赛场上不仅仅为了个人集体的得失，还为了赢得观众的喜爱，这样不论是对观众或是运动员都是一种激励，能够形成良性互动。

高校可以利用那些经常参加比赛且取得好名次的运动员，积极发挥他们的明星效应，带动更多人参与其中，推动实现全员参与体育活动的进程，促进校园体育文化建设。

继续发展"省队校办""省队市队校办""国家队校办"模式以及探索"独立自主培养""独立加社会培养"的新型模式，可以使高校高水平运动队持续保持活力。不断改革探索体教融合下符合高校体育发展的新模式，为校园体育创造良好风气。

高校高水平运动员的个人价值通过体育竞赛能更好地体现出来，高校应积极为高水平运动员提供赛事平台，保证应有的资金支持，同时，高度重视运动员的文化课学习，创新培养模式，可适当延长学制，以及如同打积分赛一样设置积学分形式，兼顾训练与学习。

二、社交媒体营销

高校尝试发挥体育竞赛的经济效益，可以从赛事表演与短视频直播方面入手。

赛事表演方面，依靠校内专业教师、教练员以及拥有优秀技能的学生运动员，在校内组织高水准的赛事，以表演赛的形式，一方面，以赛促练，为学生运动员营造较真实的比赛氛围，检验学生训练效果，为教师、教练员提供反馈；另一方面，积累校园观众，从院系开始，到全校，再到社会，观众人数越来越多，充分发挥师生资源，把该队伍培养成当地实力最强的队伍。

开始阶段，门票以赠送的形式发放；随着赛事的发展，仅免费发放一部分赛事门票，同时对社会市场做好宣传工作。当赛事发展到拥有一定社会群众基础时，积极吸纳社会成员，这个时候高校体育竞赛就能发挥经济效益，一方面满足了大众对欣赏体育赛事的需求，夯实群众基础，另一方面为高校体育赛事的组织提供了资金。

短视频直播方面，如今手机短视频风靡全球，成为便捷、高效的传递信息手段。高新可以通过征集、培养校内热爱体育并懂得影视传媒的学生，在短视频平台上注册官方账号，在赛事开始前进行宣传，明确赛事时间。在体育赛事举办时，通过手机的短视频直播功能，相关人员进行多机位的现场直播及现场解说，并积极与进入直播间的观众产生互动，积累粉丝数量，形成经济效益的同时拉近竞技体育与群众间的距离。

三、高校体育的品牌塑造

1. 建立健全运营管理机制

目前全国高等院校将近3000所，学生数量到达了3000万。任何品牌要想在受众人群中获得一定的认可，都需要有独一无二的特点，让人对其印象深刻，从而吸引消费者。品牌一旦失去自己的特色，就无法在竞争激烈的市场中获得地位，拥有稳定的消费人群。高校体育赛事品牌也是如此，想要树立赛事品牌就需要有明确的个性和特点。体育赛事需要对自身的优点与不足，以及独有的特点有清晰了解，这些特点和优点能吸引哪些人群，然后对已经确定的人群进行实地调查，分析他们的喜好和兴趣习惯，在进行这些环节的同时也要时刻关注行业内的动向，并向已经取得成果的赛事品牌进行访问学习，最后总结分析，制定出有特点、有针对性的定位，这样在后期的发展中才能有坚固的后盾和支撑。

各司其职，各做其事，要有序开展体育竞赛就必须做到有序分工。针对大学生体育赛事，教、体部门应对体育赛事进行统一规划，对以往由体育部门负责举办的全国青年运动会与体育部门负责举办的全国学生运动会进行统一布局，相互配合，使国内最高级别的全国学生（青年）运动会井然有序地进行；在全面推进协会与行政部门脱钩的社会背景下，体育协会无法依靠行政部门的拨款，需要自力更生，这需要各协会在对赛事进行组织管理时厘清自身责任，同时对大众体育赛事与专业竞技体育赛事进行有序划分，使其有条不紊地进行，并发挥自身优势进行赛事的推广和运营，同时行政部门需给予协会帮助与支持，加强对协会的监管和监督。

首先，建立健全运营管理机制就要设置相应的运营管理部门，山西省高校体育产业综合的开发，可以由山西省政府牵头，各高校参与建立一个高校体育产业开发的管理部门，负责协调山西省高校体育资源开发的综合规划、布局、协调以及管理等工作。各高校要设置相应的管理部门，负责与上级部门的工作对接，与企业的联系和协同，对高校体育资源进行管理等。同时企业也设置相应的部门，负责与政府和高校的对接以及体育资源的开发与运营管理。其次，建立健全运营管理机制要出台相应的运营管理制度，体育资源的开发无论是在前期的资金投入分配、中期的产权划分、后期的具体运营管理工作都需要相应的法律与制度予以保障，因此建立健全相应的运营管理制度，政府要提供相应的法律法规保障，使高校的体育资源开发有法可依、有规可循，高校和企业要建立相应的管理制度，明确产权和责任，各司其职，保障高校体育产业合理、可持续发展。最后，建立健全运营管理机制需要一个长效规划，体育资源的开发是一个漫长的过程，并且在开发过程中会遇到各种各样的问题，因此在体育资源的开发需要一个长效规划，以保障高校的体育产业长期有效发展。

2.采用校企合作开发模式

在校企合作中，高校除了可提供各类体育资源，同时还可以提供相关的科研产出，而企业则提供资金、人才、管理经验以及运营等支持，双方各取所需，优势互补。校企合作开发模式，要遵守高校体育产业发展与企业经营性相统一的原则，在这个原则下，体育资源的所有权，要完全归高校所有，经营权则采用企业拥有独立经营权与高校拥有参与经营权来进行分配。这种分配模式可以保障高校体育教学训练及各类体育活动正常进行，也可以保障高校体育资源服务社会的权利，社会企业拥有独立的经营权就可以保障企业对高校体育资源进行有效开发，但这种开发也是有限度的，当企业的某些开发影响高校的办学效益、高校的形象以及涉及一些原则性问题时，高校的参与经营权就会发挥作用。校企合作开发的模式可有效弥补高校在体育资源开发中的劣势，实现共赢，这是促进高校体育产业发展的有效途径，但在合作过程中一定要做好双方的产权分配，校企双方各司其职，保障高校体育资源开发稳定进行。

当前，我国高校体育赛事大都通过教师口述或直接下发通知的方式进行传播，并通过高校官网在较小的范围内实施宣传，并未切实通过报纸等媒体宣传，体育赛事的发展因此受限。只有通过加大宣传力度，提升赛事的曝光率，才能提升赛事的知名度与影响力，吸引大量优质人才参赛，使更多人关注赛事。高校在宣传工作上可使校园广播、官网等渠道的优势充分发挥出来。在较大的范围内，应使政府的协调作用发挥出来，利用学生喜闻乐见的电视节目进行宣传（如通过宣传片的设计与制作来提升其影响力，也可在电子屏上以字幕形式进行滚动播出），使互联网等媒介的优势全面发挥出来。

高校可借鉴 NCAA 和 CUBA 的成功经验，CUBA 在建设初期进行各种研究和假设，并对 NCAA 开展实地考察和借鉴，确定发展目标并实施品牌定位，确定赛事理念，对制度和规范进行规范，打造赛事品牌的视觉化形象，积极聘请明星球员大力宣传等。除此之外，NCAA 的品牌塑造及宣传也值得借鉴，这也是我国高校体育赛事的短板。首先，赛场文化的打造，从各个参赛队伍到球迷，从赛事初期到比赛期间都不遗余力地进行宣传，以及定制自己的球服、LOGO；其次，球迷的覆盖面广，且荣辱与共，故各界球迷都在为比赛做宣传；打造明星球员，提高知名度；各界媒体大力宣传，并设置专栏节目；各行各业的巨头企业争当赞助商，相互成就，宣传效果翻倍；分级管理，制度完善，系统严谨。因此，高校可发动知名校友和优秀学生。例如学校的优秀毕业生在相关领域有一定成就，以及学校内各专业小有名气的学生，甚至学校内潜水在各个网站及多媒体平台的 UP 主，来进行体育赛事的宣传。

3. 打造智能化体育产业

人工智能技术与 5G 技术的发展对体育事业的发展起到一定推动作用，这些先进的科技资源在体育领域的应用越来越广，使体育教育、运动训练、健身行业、赛事转播、场馆管理、线上教学、体育信息传播等各类体育行业的发展都产生了巨大的变革。山西省高校应抓住科技变革所带来的红利，在体育资源开发过程中要树立打造智能化产业的发展目标，充分利用这些先进的科技资源进行开发和建设，例如，打造智慧型体育场馆，提高体育场馆的运营管理能力，提供便捷化观赛服务，提高对场馆的监控能力，为消费者带来更好的观赛体验和使用体验；打造智能化健身服务和体育培训项目，利用数字化加强消费者的健身体验、科学监控，同时可提供线上健身指导服务等各种智能化的体育健身服务；打造智能化的体育信息服务平台，提供赛事转播、线上健身服务、实时互动、场馆预约、培训预约、门票预订等各类线上智能信息服务；打造智能化的赛事转播平台，提高消费者的互动感和体验感。

山西省高校体育资源的开发应该在保证提供最专业的体育服务产品的同时，引进先进的科技产品，从而增强体育服务产品的科技含量，为消费者提供更便捷、更新颖的体育服务产品。

4. 依据竞赛项目特点，合理规划赛事布局

从大局看，体育产业属于朝阳产业，而我国品牌赛事并未被充分开发，拥有良好的发展空间，尤其是后奥运时代，高校体育赛事逐渐走向市场，从目前来说，这是一个难能可贵的发展机遇，但也面临一定挑战。我们应积极把握机遇、迎接挑战，快速适应改革步伐，勇于直面困难，做好长期作战的准备工作，进而打造大学生专有的品牌赛事。

（1）明确办赛原则。高校体育应坚持以"赛事均衡普及、项目特色突出"为办赛原则。赛事均衡普及是指赛事的开展需全面化，以全国学生运动会为参照，均衡校园赛事活动，不可因为其他学校该项目能力太强，本校没有机会夺冠而放弃开展；也不可因为该项目领导缺乏重视而轻视项目的发展。项目的普及是赛事普及的前提，赛事的均衡普及是促进我国高校体育蓬勃发展的保障。项目特色突出体现在各高校需充分探索自身资源，突出优势资源，如利用地理环境、气候等

自然优势，依据项目特点，与当地环境相结合，打造出富有地域特点的高校体育赛事；也可以利用本校师资力量、专业设备、科研能力情况，对一定的项目进行研究，提高运动员竞赛成绩，形成项目优势。在赛事均衡普及的基础上，发挥高校的优势资源，突出项目特色，实现项目设置、赛事布局合理化。

（2）保障运动员人身安全。体育活动过程中，尤其是对抗性项目，队员间的身体对抗难以避免，亟须加快与完善体育竞赛保障体系。体育保险是有效的保障手段，但体育保险不能仅仅局限于某一个省级或国家级体育赛事，高校中占比最高的体育竞赛属校内及校际间高校联赛，在日常训练中更需要保险做安全保障。保险资金来源包括三种形式：政府出资、学校出资、个人出资。现阶段全权由政府出资购买保险，成本负担太重，并非各个地区都能承担。如果由校方购买保险，而高校的主要财政来源主要是政府拨款，高校同样负担较重。从个人角度看，由于体育保险意识不强，购买欲望低下，所以可以采取共同出资的形式，首先以自愿参保为前提，如果个人购买保险，校方、政府各自承担一部分费用，减轻个人的资金压力；校方还可采取激励手段，对于代表学校参加体育竞赛的学生免费提供全年的体育伤害事故保险，对于在全校体育竞赛中获得前三名的同学免费提供半年的体育保险资金，促使更多人参与体育竞赛，同时加强学生个人对体育保险的重视程度，并加强基础医疗设备与专业的医护人员的配备。目前，在大型体育赛事中，赛事组委会在现场安排专业的医护人员以及基础的医疗设备，防止运动员发生意外情况。但高校运动队伍中队医匮乏，运动员训练后出现肌肉损伤的情况，也只能依靠休息来恢复。根据这种情况，现在很多体育学院已经开设体能康复课程，但还未能充分利用这些宝贵资源，针对训练队，相关专业的学生跟着老师进行实习操作，既保障了相关专业学生学以致用，不停留在理论知识层面上，为今后进入社会打下坚实基础，又解决了校园队医匮乏问题。

（3）整合两大系统竞赛资源，打造多样性的体育赛事。现阶段，体育部门应把培养人才的任务交给教育部门，协同教育部门完成人才的培养，统一赛事安排，一方面，弥补教育部门在赛事举办中的不足，提高比赛的举办数量，发现与培养优秀的体育人才；另一方面，合理利用两大赛事系统资源，发挥各自的资源优势，体育部门组织的体育竞赛相对更具竞技性，教育部门组织的体育竞赛更具普及性，通过赛事整合，合理划分组别，设置多个不同程度的组别，打通上下级组别通道，利用两大系统人才资源优势，发掘更多有潜力的运动员，培养体育后备人才，通过整合两大系统赛事，促使教育部门、体育部门、社会组织协同打造形式多样的高校体育竞赛。

（4）通过三大球体育竞赛带动其他竞赛项目发展。在高校体育竞赛中，不论是大体协负责举办的，还是校内校际联赛，足、篮、排赛事是最多的，网球、羽毛球、武术、冰雪等赛事举办力度逐渐呈上升趋势，同时开拓了越来越多的新兴项目，项目设置呈多元化方向发展。目前，高校三大球赛事模式已基本成型，竞赛组织、竞赛安排、竞赛后勤保障等方面已趋向成熟，而部分新兴赛事还处在摸索阶段，如定向越野、帆船、垒球等项目，学校因地理位置因素开设难度大，竞赛宣传力度有限、开展力度有限，多在各地区小范围内进行体育竞赛，所以可以借鉴三大球项目的开展经验，从项目本身出发，进行市场调研，看学生是否喜欢这个运动项目，然后通过体育活动让学生了解、认识运动项目，调动学生们的参与热情，把小众项目做大做强。在三大球体育竞赛发展基础上，高校应大力发展校园优势项目，提高学校的知名度，树立体育形象带动其他潜优势项目的发展。例如，南京理工大学舞龙舞狮带动了踢毽、空竹、拔河等民族传统体育项目的发展，成为校园名片。所以利用优势项目辐射到相关潜优势项目上，有利于带动校园潜优势项目的发展，促进校园体育竞赛的多元化发展。

（5）发扬民族传统体育项目。民族传统体育项目是民族传统文化的重要组成部分。高校体育竞赛中可适当加入民族传统体育项目，发掘传统体育项目的趣味性、民族性、独特性等特征，组织多种形式的竞赛活动，使学生了解认识民族传统体育项目，热爱民族传统体育竞赛活动，更多学生加入发扬民族传统文化队伍中，发扬富有民族特色的体育文化，促进多民族体育文化的交融，体验不一样的体育项目与竞赛氛围。目前，在大体协组织的高校体育竞赛中，民族传统体育项目在大学生体育竞赛中涉及种类较少，只有武术、龙舟、舞龙舞狮等几项，大学生体育竞赛在开展新兴项目的同时也需要发掘民族传统体育项目。

第二节 拓展体育项目和多样化体育活动

一、体育场馆使用多样化

高校体育经济发展的路径多样化，可通过科研、劳务以及体育项目和设施促进体育经济发展。高校应不断拓宽体育发展路径，以获得更多发展机会。这是由于高校具有丰富的资源，如教学器材、教学设备等。教师资源和学生资源则成为高校体育劳务经济发展的重要条件，其运行受到高校自身发展条件、当地经济条件，学生对于体育认识及其体育观念的养成等因素的影响，笔者从高校现状出发，阐述一种适合高校体育经济的运行模式。

以往的体育场馆仅对学生开放，且具有一定的时间限制。体育场馆要实现经济化，应扩大应用范围，对外开放，并且收取一定的费用。利用经济来源不断完善高校体育场馆。事实证明，社会对高校体育场馆的需求巨大，因此对外开放具有可行性。例如社区比赛、一些中型比赛均可以高校体育场馆作为赛场，还可利用体育场馆对教师和其他体育爱好者进行培训。总之，高校应致力于实现体育场馆使用的多样化，发挥其在体育经济化过程中的积极作用。

体育比赛的观众群体数量庞大，因此高校组织体育赛事必然能够拉动体育经济发展。在这一过程中，高校还可获得经济赞助，使其处于良性发展之中。高校可打造主场赛事，并引进实用的体育品牌。利用品牌效应赢得观众和投资商的认可，推动我国高校体育产业化进程。例如可加强场地建设，引入专业运动员。一方面可以提高高校的知名度，另一方面对学生产生积极影响，从而提高学生的体育观念，培养学生终身体育观，真正为高校体育产业的发展提供人力资源和经济资源。

环境良好的体育场馆，可用于组织和举办大型活动，如商业活动，发挥自身优势，吸引更多团体在高校体育场馆进行文艺演出或者商业宣传活动，发挥体育场馆的社会功能。值得注意的是，高校要培养专业的管理和运营人员，以免体育场馆应用中出现经营不善等问题，产生负面影响。

二、高校体育赛事种类

高校体育竞赛的种类多样，不同级别的赛事如果目标定位不准确，则会与初衷相违背。高校体育赛事可划分为卓越型、发挥型、动员型三类。卓越型是指在国际、国内具有最高规格的赛事，总体上可划分为两大类：第一类是大学生运动会；第二类是全国学生（青年）运动。国际大学生体育联合会主办大学生运动会，一般每隔两年举办一次，又可分为夏、冬季运动会。全国学生（青年）运动会每三年举办一次，包括初中组、大学组和青年组。2013年合并全国中学生运动会与全国大学生的决定提高了比赛的观赏性，同时利于后备人才的选拔。2020年全国青年运动会与全国学生合并的举措，更是打破了体育系统、教育系统各守阵营的赛事体系，推动了体教融合的进程。发挥型是指各省份由各项目协会负责按时举办的年度赛事，是省内规格最高且最稳定的赛事。动员型是指校内竞赛、校际联赛和社会承办的体育竞赛，参与人数多，举办形式灵活多样，趣味性强。实现体育强国目标，全民参与是基础，竞技体育是保证。卓越型赛事是大学生竞技水平的最高体现；动员型赛事是大学生认识体育、参与体育、喜欢体育的保障；发挥型赛事是联结动员型赛事和卓越型赛事的纽带。基于此，动员型赛事应调动多元主体办赛的积极性，不断挖掘社会力量，寻找更加稳定的赞助商，为学校承办赛事减轻一部分资金压力，同时满足不同学生对体育竞赛的需求，以达到全员参与的效果。卓越型赛事代表大学生最高级别的体育竞赛，赛事在整体布局上应该更加谨慎，尤其处理好青年组与大学生组在年龄上的划分，同时增强竞赛气氛，每一个过程都应按照规则进行，注重细节，如开幕式、入场、闭幕等环节都应正式且庄严，给参赛者带来视觉盛宴的同时感受赛事的震撼。发挥型赛事多由单项协会负责，需满足当代大学生的需求，各省份根据自身条件开发组建新兴项目，丰富竞赛种类，激励学生勇攀高峰。

三、发扬民族体育文化

目前，我国体育运动实际上是以西方体育为主导，这主要表现为我国采用现代的奥林匹克运动模式。西方体育这种主导地位是基于近代以来西方文化对中华文明的接触和触碰。如今，在接受西方体育教育为主要内容的体育教育过程中，民族传统体育的形式和内容已经逐渐被"同化"。而在全球化和西方文明冲击下，我国的民族传统体育文化正在承受多方面挑战。事实上，越是民族的文化才越是世界的，越是成熟的民族体育文化，越是能够为体育文化发展提供源源不断的动力。在全球化时代，文化应当世界性与民族性并存，传统性与时代性并存。对于西方体育文化的冲击，只有不断发掘中国传统体育文化，才能够促进世界体育文化的丰富与繁荣。

我国民族传统体育文化，是植根于优良的中华传统文化之中的。具体而言，我国的体育文化是儒、释、道共同作用形成的。在儒释道的影响下，我国的民族传统体育文化贯穿了"天人合一""身心一元"的思想，拥有鲜明的中华文化特色。在中国传统文化影响下的中国传统体育，比如气功健身法、导引术，或者是太极拳、五禽戏、武术，都蕴含了中华民族传统文化的精髓。这些民族传统体育项目，集中体现了我国民族传统体育文化侧重养生，追求人体生命整体与自然及社会和谐统一的特色。如今，面对西方体育文化的冲击，我国民族传统体育文化日益被边缘化。如何扭转这一局面，高校承担着十分艰巨的责任。民族传统体育，应该成为也必须成为高校体育教育的有机组成部分。高校可以通过不断挖掘中国传统民族体育文化的优良传统，结合时代内涵，实现民族传统体育文化的有效转置，从而极大提高体育文化的作用力范围与深度。对于民族传统体育文化的文化自觉意识和行动，可以有效地建构体育形象，为高校体育经济发展奠定基础。

四、多元化体育活动

多元化的高校体育竞赛主体是体育事业蓬勃发展的必然趋势。2014年，体育赛事审批制度的颁布打破了市场力量举办赛事的制度壁垒，调动了市场活力。高校应利用自身场地优势，鼓励社会团体进校园办赛，调动行业自主办赛的积极性，推动高校赛事的市场化和社会化，调动高校体育竞赛的活力。同时高校应拟定有利于社会组织机构进校园的相关方案，与社会组织合作达成共赢，同市场、行业协会保持密切联系，丰富校园体育活动。

近年来，教育部门和高校不断加强高校体育工作，促进大学生健康成长。通过一系列措施有效地提高我国大学生体质健康水平，但高校体育工作仍然是高等教育工作中的薄弱环节。高校通过不断推进体育工作改革，优化校园体育文化环境，积极引导学生养成良好的生活和体育锻炼习惯，让大学生明白健康的重要性，使大学生养成终生体育的意识和健康的身体素质，为学习更多知识，拓展社会网络，实现自我价值并顺利走向社会打下扎实的基础。

高校要营造良好的校园体育文化氛围，不能仅限于公共体育课教育，组织课外体育活动和健康讲座也尤为重要。在这种背景下，高校体育社团作为高校体育中具有时间性、教育性、挑战度的"第二课堂"，其在课外体育活动中发挥着积极的主导作用，通过深入开展高校课外体育活动，加速建立"第一课堂"和"第二课堂"相融合体系，从而扩大大学生体育锻炼的参与度，并对大学生生活社会化，培养其公民意识和完善其人格。

此外大学生通过参与高校体育社团，在获得健康体质的同时，还会收获体育运动带来的意外之喜，如拓展人际关系和社交网络，提升自身影响力，获得社会支持，培养信任、互惠、志愿、体育归属感等。从社会学角度出发，这种意外之喜可以视为社会资本。社会资本是近些年逐渐演化出的新概念，其功能是为了解释个体在网络中调动资源的潜能。随着社会资本研究的不断推进和细化，国内外学者开始将学生的社会资本作为研究对象，尤其是体育对学生社会资本影响的研究。学者们通过研究得出结论，体育是通过参与、互动来创造和积累社会资本的重要方式。在社团中，大学生通过与其他成员的交流沟通形成属于自己的社会网络的能力同样可以从社会资本的视角进行解释，这也就形成了属于高校体育社团中大学生的社会资本。那么，高校体育社团则成为大学生参与体育活动并积累社会资本的重要平台。参与体育活动可以被视为增加社会资本的一种方式。社会资本对大学生自身的发展具有重要意义。

大学生参与高校体育社团活动有助于其社会资本的生成，参与频率越高，越有助于参与者的社会资本（含个体、集体社会资本）的生成。参与时长越多，越有助于参与者个体、集体社会资本的生成。在社会资本各项指标中，参与的频率和时长越高，越有助于学生提升人际关系和紧密度。参与频率越高，学生的社会参与、社会活动网络、信任、志愿、社会支持、互惠、体育归属感、体育凝聚力的提升效率越高、时长越长，越有助于提升学生的社会资本。

大学生通过参与高校体育社团促进个人的交往能力，这种互动有助于大学生中的利他主义和公民意识增强，并产生友谊。高校应当加强学校体育文化氛围建设，优化社团活动的质量，配备多领域的指导教师，除体育指导教师外，还可增加心理学和社会学教师，在理论和实践方面不断对大学生进行正确引导，鼓励学生积极参与到体育社团活动中，以加强学生之间的信任互惠、人际关系等能力，促进学生社会化，使学生综合素质全面发展。

五、防范赛事风险

赛事风险包括外部环境风险、竞赛组织风险、场地设施风险、人员风险。

外部环境风险大多指外界不可控因素导致赛事无法正常开展，例如在特殊时期高校大学生体育竞赛几乎全部取消。竞赛组织者应该在赛前全面考虑竞赛安全、气候、环境对赛事的影响，做好赛前准备工作及赛事规划，对于前期投入资金大、成本回收困难的赛事可以事先与保险公司签订合同，把赛事所承担的安全风险降到最低，或者推迟举办以降低损失。

在竞赛组织风险方面，竞赛的组织策划者需要具备全面的抗风险意识，从竞赛的筹备到竞赛的开展，需要有应急预案，如赛前场地的划分，赛场区域与观众区域的距离；赛场内医疗队伍的安排，场上人员的安全疏通等。赛中，组织者对赛场情况实时监控，对于场内运动员意外受伤情况进行及时处理，保证在第一时间解决意外突发状况。

在场地设施风险方面：任何赛事的开展首先应该考虑场地器材设施安全，即使课堂竞赛也不能轻易放过任何存在安全隐患的角落，检查器材是否松动、老化，场地是否符合竞赛标准，设施摆放位置等。

在人员风险方面，学生运动员是体育竞赛风险的主要涉事主体，尤其是同场对抗性项目，容易发生冲突事件。高校应提高学生运动员的体育道德教育，使其遇事冷静，赛场上不做过激的举动。高校应提高教练员整体素质，加强对学生运动员的正确引导。

第三节　增强高校竞争力

国务院办公厅于 2019 年 9 月发布的《关于促进全民健身和体育消费推动体育产业高质量发展的意见》（下称《意见》）指出，加强普通高校高水平运动队建设，将其纳入国家竞技体育后备人才培养体系；培养终身运动习惯，实施全民健身行动，推动每名学生熟练掌握至少一项终身受益的运动技能，广泛开展各级学校体育联赛，支持校际体育赛事发展，探索商业化运营模式。国家统计局公布的《中国统计年鉴（2021）》数据显示，我国普通高等学校共 2738 所，教职工人数共 2668708 人，普通本专科在校生共 32852948 人，研究生在校生共 3139598 人，如此庞大的群体说明高校体育赛事市场具有巨大的发展潜力。而且，大学生是体育消费的主力人群，这一特殊人群具有学历高、综合素质强、对体育赛事热情高涨、对体育消费品牌意识感较强等显著特征，一旦品牌意识根植将带来长期的延续消费行为。可见，大学生高水平体育赛事是我国体育产业开发潜力巨大的领域，是一块有待雕琢的"璞玉"。

一、多元人才培养体系

打造多元体育人才培养体系。体教融合的提出正式将体育人才的培养从体育系统迁移到教育系统。为避免体育与教育系统间出现的只"结"不"合"现象，为教育系统培养出更多优秀运动员，一是，高校必须增大体育竞赛举办力度，打通高校体育竞赛与青少年体育竞赛、职业体育竞赛壁垒，为学生运动员提供多元化的参赛机会。二是，做好教育系统的本职工作，在提高学生技能、战术、体能的同时必须加强其理论知识的学习，为科学的训练保驾护航。三是，建立起学校与社会沟通的桥梁，支持社会力量进校办赛，社会体育组织进校交流切磋。四是，落实教练员英才培训计划，建立思想端正、作风优良、敢于创新、吃苦耐劳、技艺高超、专业精深、知识丰富的教练员队伍。五是，完善培训系统，清晰划分不同等级培训内容，做到有效衔接，注重培训的高效性，不重复、不拖沓；

多利用网络平台，做到线下线上相结合，实践与理论相结合，监督与测评相结合；在培训体系中加大体能培训课程、心理健康培训课程、体医结合培训课程、营养师培训课程的开发力度，满足体育竞赛参与主体的现实需求。

二、产教融合

高校体育人力资源的开发终究是要为体育产业和体育事业服务的，因此，高校体育产业人力资源的开发不能忽视体育人力资源的培养。近年来，国家不断出台相关政策，要求高校加强产教融合，改变人才的供给模式，培养社会企业需要的人才。产教融合要求加强校企合作，学校和企业合作教学，共同来培养人才，实现文化相融合。这种生产区别于以前那种简单的生产模式，是和教学实践相结合的。引进更加先进的技术和管理模式，与产教模式相结合，通过使用学校设备进行产品的生产和教学内容的教授，校企双方共同制订一个生产计划，开展生产教育，使得教师可以学到技术，学生可以加入生产，这样做的好处就是使得校企结合模式实现双赢。

目前，山西省已有高校在产教融合方面为其他高校提供了良好的示范，太原理工大学和山西玉龙马业发展有限公司合作成立的太原理工玉龙国际赛马学院就是一个产教融合的典型案例。社会企业负责实践实训基地建设，师资培养和引进，协助进行专业课程和培养体系建设。实行"三步走"的发展战略，即方向—专业—学院的模式，前期开设相关产业学科方向，后期建设相关产业专业，终极目标要成立独立建制的相关产业学院。产教融合的发展模式，可以为高校培养出更符合社会需求的体育人才，不失为高校体育人力资源开发的有效对策之一。

三、防范风险因素

接受学校体育安全教育培训和教师技能培训，提高教师职业素养及安全意识。教师的安全意识直接影响教师对体育安全风险的准确识别，因此，教师的安全意识和保护技能及运动损伤处理技能的提高，可以在事故发生前预防或降低学校体育安全风险事件的发生。例如在备课过程中做好全方面的准备，不仅包括对课程内容的准备，还包括对场地器材、天气等各种潜在风险因素的识别和防范；课前认真检查场地器材的安全性；课上监督学生安全运动；当发生学校体育安全风险事故时采取合理的应对方法。学校可以通过官方网站、宣传栏、体育安全知识专题讲座、班会以及选修课程等方式，加大体育安全知识的宣传力度。提高师生安全意识，在运动过程中对存在安全隐患的项目或动作加以注意和预防，以防学校体育安全风险事件的发生。在体育教学过程中，风险无处不在，除了教师的安全管理外，还需要学生加强自我保护意识。以体操课跳山羊为例，助跑完成后上跳板的位置不正确导致过不了鞍马时，学生应该立即结束过马动作等。因此，学生在课堂上要集中精力认真听教师讲解技术动作，认真观察教师的动作示范。

体育课程一般分为准备部分、基本部分和结束部分三大块。准备部分主要是做热身运动，运动量一般较小，但却非常重要。准备部分是让处于安静状态下的机体慢慢兴奋，一般都是针对本次课的主要内容来安排准备部分的时间及方式，准备部分风险一般较小。基本部分是整节课的主要部分，一般是学习新的技术动作，运动量较大，风险也较大。这部分风险因素较多，教师应该充分了解各种情况，安排既符合课程目标又适合学生的课程内容和强度。课程安排包括时间安排和课程内容的安排。在体育教学过程中，技术难度越大，学生在完成动作时的风险就越大，教师在教学时可以把技术难度大的技术动作进行分解，或者降低动作技术难度。总之，充分、全面考虑体育活动中的各项安全隐患，是减少学校体育安全风险事件发生的必要环节。准备活动是让安静状态下的机体慢慢兴奋。学生准备充分，在后面大幅度运动时就不容易受伤。特别是在寒冷的冬天，必须在剧烈运动前做充分的准备运动。结束部分也称放松部分，主要是让承受大运动量的肌肉群放松，降低机体疲劳。

学生体质直接影响学生的运动能力，高校应定期对学生做体质检查，及时掌握和了解学生体质情况。这样，以便体育教师在课程安排上准备相应的解决办法，如特异体质或患病的学生要避免体育活动，把体育活动控制在风险可控范围内。学生通过检查，了解自己的身体状况，在进行体育活动时多加注意，根据自身情况选择适合的运动项目和运动量进行锻炼，逐渐改善自身能力。

自身突发疾病也是学校体育安全风险的一个因素。一般常见的学生自身突发疾病如心脏病、劳力性中暑等。这些有关学校体育安全风险的医学问题在学校体育安全风险管理中占有重要地位。在学生方面，学生要定期做身体检查，主动向教师或学校提供相应的健康档案。在教师方面，教师要关注学生的身体素质状况和学生身体健康状况，与学校医务人员密切配合，建立学生身心健康档案。

四、合格的体育教师

体育教师是学校体育工作的执行者和组织者。因此体育教师的主要职责包括：一是，具备良好的职业素养。比如端正的教学态度，上课前认真检查场地器材，上课时不擅离职守，认真备课上课等。对于上课过程中发生的体育安全风险事件，能妥善处理，如实向学校汇报。二是，取得从事体育运动训练或授课资格。体育教师必须取得从事体育教师资格证；必须具备急救及心肺复苏的能力。在进行急救时应在自己的能力范围内，在不确定的情况下，应立即拨打救助电话，看护和管理现场，配合医护人员进行救助等。体育教师还应利用培训等机会提高自己的专业技能、理论知识及救护能力等。三是，对场地器材进行安全检查。每次课前或训练前，教师应仔细检查活动场馆、场地及器材的安全状况，并对潜在的风险因素进行分析。如果教师自己准备的器材，要根据学生的年龄、身体状况提供干净、安全且符合国家标准的器材。教师要对场地器材进行定期的检查和清洁，在授课过程中还需注意场馆内的通风、照明和温度情况。四是，体育教师应根据教学大纲和学生的情况安排合理的课程，且必须遵循运动训练原理进行授课，如技术从简单到复杂、运动量从小到大，循序渐进地进行教学。五是，教师应提供正确的技术教学，多种教学方法及示范方法，如分解教学法和整体教学法，侧面示范、正面示范、背面示范等多种方法。课堂上注意观察学生的身体变化和学生的行为，如果发现学生身体不适，应立即让其停止运动，稍作休息，必要时提供辅助治疗，如中暑时可以提供糖水等。如发现学生进行一些危险动作时应及时制止。加强对学生进行安全教育及风险管理教育。除此之外，在体育课上，教师还应起到监督指导的作用。

五、训练和竞赛战略的改进

"体教"分离，是指运动员教育与体育管理部门的分离、体育与其他学科的分离、运动员文化学习与运动训练的分离。高校作为人才培养的摇篮和基地，既要为社会培养各类专业人才，又要重视体育人才的培养。一直以来，体育与教育密不可分，体育作为教育的重要内容和手段，对促进人的持续发展起着十分重要的作用。体育、教育部门在重视竞赛成绩的同时，需要为运动员制定更加科学、合理的文化课培养方案，科学设置课程体系，使"体教"融合的优势得以充分发挥，进而提高运动员的专业素质和文化素养。将竞技体育纳入高校教育，形成竞技后备人才培养的基础理论，可以解决体育界后备人才短缺、学校体育教育水平低的矛盾。因此，高校应制定科学的体育人才培养措施，以体现体教融合政策，促进学训融合。首先，根据运动员学习情况和运动项目特点，采取集中安排的形式，尽可能地将同一年级运动员的训练时间和学习时间统一起来，避免训练时间与文化课程安排的冲突。其次，科学安排训练时间、训练内容，提高训练效果，为文化课节省时间。另外，随着"互联网"的普及，以及大数据的资源共享，高校可以采用"互联网+"线上、线下相结合的教学模式，以此来解决运动员因训练时间与学习时间冲突，或因外出比赛、训练而落下文化课时的问题。最后，在运动训练、学习文化课的同时，应在心理、政治、思想等方面进行全方位培养，以促进高校运动员德智体美劳全面发展。高校教练员在专业领域普遍具有较强的理论功底，能够满足运动员学习文化课知识的需要。不可避免的是，高校教练员一般由体育教师来兼任，许多教练员在运动技能方面可能只有一项比较突出，缺乏全面的理论知识，缺乏实战经验，缺乏世界级、全国性的比赛经验，执教能力还有待提高。《意见》明确指出，在高校设立专兼职教练员的岗位制度，明确教练员职称评定、职业发展空间。《意见》的颁发，为我国高校专职教练员配置提供了政策依据。从深度融合角度来看，高校高水平运动队建设是教育部门与体育部门的资源融合，把我国现有的竞技体育资源纳入教育体系，转化为体教融合动力，从而促进教练员专业化发展。通过选拔一定比例的退役优秀运动员进入高校高水平运动队执教，扩大高校高水平运动队专职教练员的基数，给予高校运动队训练、竞赛等方面的专业化支持，夯实高校运动员的竞技能力。一方面，高校应积极争取教练员参加相关培训，提高教练员业务能力，鼓励教练员带队参加比赛，不断积累比赛经验；另一方面，把教练员的待遇和职称晋升与工作业绩挂钩，建立严格的教师考核制度，激励教练员不断提高执教水平。

管理高校体育竞赛的政府主管部门应充分发挥宏观作用，将主要精力投入把握大局方向、政策制定、指导、协调、监督和开发资源方面，将具体的高校校际体育竞赛开展和管理工作全权授予其下的各级管理部门，政府主管部门只需对其下各级管理部门进行不断的监督和指导。各省市普通本科院校、高职院校在体育竞赛方面的工作由各省教育厅直接管理，高校内部由副校长负责所有的体育竞赛工作，并成立校内体育竞赛组委会，下设不同类型（如正式性、趣味性等）体育竞赛组织部门负责开展各类体育竞赛。

保证高校校内和校际体育竞赛的良好运行，政府主管部门针对各高校以及各高校针对全体高校学生、高校体育竞赛工作者制定量化、具体的督导（国家教育部门规定各省主管部门年度指导各高校体育竞赛活动次数、高校规定各体育竞赛工作者年度指导参赛学生次数）、评价（各省教育厅对各高校年度校际体育竞赛参赛次数和参赛项目类型、校内开展体育竞赛次数和项目类型进行综合评价）、激励奖惩制度（各高校针对高校学生建立体育竞赛奖学金制度和学习交流制度，针对高校体育竞赛工作者建立工作绩效、补贴、评职称、外出培训等激励奖赏制度；高校应规定对从不参加体育竞赛的学生记录到个人档案中，对工作表现不称职的高校体育竞赛工作者扣除年终奖等）。

建立和完善覆盖全体高校学生可参加的高校体育赛事系统以实现体育竞赛育人目标，无论是高校校际还是校内体育竞赛都应建立正式（竞技能力优秀的学生参加的；校际体育竞赛采取升降级制度，校内体育竞赛建立班级—年级—院级层层递进的模式）和非正式（普通学生都可参加的；俱乐部体育竞赛、学校趣味性体育竞赛等丰富的竞赛形式）两大形式的体育竞赛赛事系统体系；高校内应设置学生感兴趣的体育竞赛项目，让全体高校学生都能够参与至少一项自己感兴趣的体育竞赛项目。

所有高校体育竞赛所涉及的人力（参赛学生、组织人员、裁判员、教练员）、经费、场地设施等资源都应由体育和教育部门经过整合、深度融合后在教育体系中改善发展，并将社会力量融入发展体系，形成政府部门与社会资源优化融合发展的体系。

第四节 体育赛事商业化

一、体育赛事商业化

体育赛事商业化是从竞技体育、群众体育中衍生而来，是一种新的商业模式，重在改变体育赛事的举办费用以政府拨款为主的传统思路，也是对体育赛事商业化运作进行整体规划，推动长远发展。在2009年济南全运会和2013年沈阳全运会中体育赛事商业化运作的模式，使得赛事效益达到了最大化。

赛事的概念在我国不同时期有不同的解释，最初体育赛事的下位概念是从运动竞赛中演变而来。田麦久教授对运动竞赛的定义为，在统一的体育竞赛规则要求下，运动员个体或运动队之间的竞技较量，是竞技体育与社会发生关联并作用于社会的媒介。如果从竞赛角度看待当今的体育赛事，大众认知依然停留在竞赛层面，而在举国体制的背景下，赛事通常与"体育比赛"有关。《运动竞赛学》一书指出："体育赛事是基于一定的规则，依靠裁判，个体竞争者或体育团队之间的竞争。"郭宏（2017）认为，传统观念中的体育赛事是在裁判员的主持下，按照统一的比赛规则和要求，以个人或者团体的形式进行竞技较量的活动。从事物发展的本质属性来看，体育赛事的概念并不是一成不变的，而是随着社会经济发展不断演变的。解维涛认为，体育赛事是指在具有特定的管理制度下，按统一的竞赛规则，以体育特有的形式提供赛事产品和服务等方式来满足参赛人员的竞赛需求的活动。综上所述，通常情况下，体育赛事的定义包括两个方面，一方面是体育竞赛活动的承载体，也就是体育赛事最为突出的特征，一场体育竞赛活动既有胜负结果的呈现，也有参赛运动员和观众的参与。另一方面是体育赛事产品的开发，体育竞赛活动的举办是具有项目特征和文化背景的特殊事件，涉及运动员、教练员、观众、媒体、赞助企业等众多社会群体。

二、赞助

现有体育赛事有三种赞助模式，即政府主导模式、校企合作模式、小型个体模式。根据市场经济发展趋势以及三种赞助模式的优缺点，创造性地摸索出综合性模式和商业承包模式，能有效提高赛事赞助营销效益，进一步扩大赛事的影响力和知名度。在我国，宣传报道赛事的新闻媒体以及当地政府在赛事举办过程中扮演重要角色，赛事本身的比赛项目、传统与影响以及企业自身状况等因素是影响企业赞助行为的主要因素。顾靖雯（2018）认为，赞助商对体育赛事的赞助行为是一种生产营销手段，在赞助前对赛事进行目标选定，从多方面考虑赞助该赛事的利益回报。赞助目的可归纳为：①品牌推广为主要目的。企业期望通过赞助赛事拓宽品牌的宽度、深度、维度，树立公司品牌在外界环境中的形象，吸引大众消费者的目光；②以业务发展为目标的企业注重该赛事给公司产品带来的直接销量。通过多渠道、多方式的赛事产品体验服务，让更多消费者认可公司产品并形成一定的购买力；③以品牌形象为目标。公司品牌倾向于体育运动类产品，通过体育赛事的影响力来展示产品形象，向消费者传达良好的公司形象。

毛伦华、杨倩（2015）认为，体育赛事与品牌资产的关系，即"关联权"，是体育赞助的核心产品，而影响体育赞助关联学习的因素包括关联线索显著、学习效率低、关联价值与预测价值，其中赞助营销的关联价值主要取决于消费者的情绪以及对该赛事的感受。消费者对赛事的情感体验和观赛态度决定了购买赛事赞助商产品的意愿。对高校体育赛事来说，营销主体更倾向于赛事赞助企业。高校通过特有的营销方式吸引更多赞助企业的投资是重中之重，很大程度上会解决赛事资金问题。

目前，关于高校体育赛事的相关研究较多，但是对于高校体育赛事商业化运作的研究却处于初级阶段，对高校体育赛事商业化运作的研究只是基于赛事的本质进行探讨，并未对随着社会经济发展发生变化高校体育赛事进行深入研究。袁新锋（2009）对我国高校体育赛事商业化运作现状及相关问题进行研究，指出随着体育产业管理制度的改革和深化，将高校体育赛事商业化运作思路与美国NCAA的商业化运作模式、管理体制等展开分析，找出阻碍我国高校体育赛事商业化运作的制约因素：赛事赞助延续性差，赞助形式单一，宣传途径少，赛事营销理念不足等。同时，从参赛主体、商业化运作理念和原则、营销策略和方式等方面给出客观建议，为高校体育赛事商业化运作奠定基础。

高校体育赛事商业化运作的最主要目的是将高校赛事作为商品，培养和开发出具有一定市场基础的品牌化赛事。赵青、邢钰认为，我国大学生体育赛事大致分为全国性综合运动会、全国性单项比赛、地方性综合运动会和地方性单项比赛，并认为大学生体育赛事市场化形成的原因有国家政策倾向的转变、社会主义市场经济体制的改革、思想观念的改变、体育产业经营模式的变革。在大学生体育赛事商业化推广中，应重点发挥知名企业和媒体的优势，利用多媒体的全方位宣传，赛事本身的品牌形象以及赞助企业的知名度、影响力也会有所提升。

李德忠认为，高校体育赛事商业化运作中存在的问题主要集中在高校赛事经费紧缺和缺乏高素质的体育赛事经营人才，解决此问题的重点是组织者要制定长远的赛事发展规划，以建立高校体育赛事品牌化为目标，提高办赛质量和参赛水准。赵瑞鑫（2012）从概念入手探讨普通高校与大型体育赛事合作效应表征和影响因素，旨在为普通高校与大型体育赛事的合作提供理论依据。赵瑞鑫从经济、安全、管理三方面因素分析阻碍高等院校与大型体育赛事合作的原因，并认为普通高校举办赛事是一种新型的赛事举办模式，不仅弥补了普通高校举办赛事筹集资金困难，还可充分利用社会资源，建立多元化、多渠道的校企赛事合作平台，避免赛事成本过高效率过低等问题，既能扩大赛事影响力，打造精品体育赛事，确保赛事拥有良好的文化氛围，使赛事效益达到最大化。打造高校体育类社团联盟赛事，高校从官方渠道获取与政府及社会资源的合作，将赛事效益最大化。通过扩大比赛的规模和赛事服务水平来吸引更多赞助商，选择符合大学生的品牌来赞助赛事，从而提高赛事宣传力度。高校体育联盟可以有效地管理社团，甚至对高校社团不定期地捐赠，这样既能强化赛事组的竞争力，也能对各种赛事进行资源整合，吸引更多高校加入联盟赛事中。矫杰、杜放认为，我国体育赛事的宣传力度增强，赛事规模扩大，赛事运营体系不断完善，但是观看赛事人数少，赛事关注度低，赛事管理机制不健全，对赛事运作的专业管理人员较少。因此他们提出建议，高校体育赛事应加强宣传及推广力度，以增强高校品牌赛事在广大群众中的影响力，健全高校商业化运作体系。赛事组织者要认识到体育赛事商业化运作是为了更深层次地挖掘赛事中的商业价值，并提高赛事的社会影响力和吸引更多赞助企业的参与。

三、传播媒介

体育赛事的使用价值是决定赛事产品分类的基础，体育品牌赛事是一种具有公共产品及私人产品属性的"混合产品"。随着体育赛事质量的提高和赛事规模的扩大，许多竞赛项目走上了职业化发展道路，逐渐通过媒介被人们所熟知，这极大地缩短了观众与体育比赛的距离。通过对赛事工作人员和承办方等的调查和访谈得知，目前，我国大学生羽毛球锦标赛的传播媒介是该赛事商业化发展的基础，主要有电视媒体、网络媒体和自媒体三种。

电视媒介是以电视为载体传播视听产物的媒体，是人们日常生活中必不可少的娱乐项目之一，体育赛事经过电视媒介的传播使更多人可以在闲暇时间观看比赛，因为电视媒介的转播不受收入、地理位置等因素的限制，所以体育赛事电视媒介的转播功能正好为人们带来视觉上的享受。我国大学生羽毛球锦标赛的媒介传播中，电视媒介的传播渠道少之又少，2020年11月25日，陕西七套体育频道对该赛事的开幕式只进行了2分钟的简短报道，只简要介绍了比赛地点、比赛时间、出席本次赛事的嘉宾和部分参赛院校。网络媒介也仅是粗略地对本次赛事的时间、地点、比赛结果等方面进行传播。

四、扩大融资途径

赛事主办单位应按照"理念新、规模大、受益广、水平高"的原则组织管理该项赛事，以"政府参与＋市场运作"为主导建立新型赛事商业合作体系，摒弃以往"政府包办"的赛事运作模式，切实以政府为主导搭建承办高校与企业的互利共赢合作平台，对该项赛事的市场定位进行科学规划，让更多企业参与到赛事的运作中，最大化地发挥政府机构自身的主动性和积极性，合理构建"赛前训练营＋赛事"的双层赛事体系，完善赛事管理运作模式，并继续加大对于各高校教育经费的投入，确保各参赛院校运动员的竞技水平得到稳步提升。

在体育项目的推广方面，高校不能一味地依靠政府的财政支持，要积极拓展高校的融资途径，建立多元化的体育教育基金体系，并不断加强校企的协作。高校应组织各种运动项目，争取企业的支持，并把握市场机会，树立具有一定知名度的运动品牌，提高其营销能力，从而提高对各种赞助商的吸引力。比如，高校可以组织大学生参加运动比赛，为公司的品牌做广告，从而带动公司的投资。

从根本上说，"体教融合"是指高校要对所有的大学生进行全面体育教育，把一些优秀的体育人才合理地安排到体育教学岗位，既能指导和提高学生的身体素质，又能为高校的体育事业储备更多的后备力量。

实施"体教融合"思想的高校应当建立一个多维的体育教育体制，主要包括：①根据教育部颁布的《体育大纲》，坚持"健康第一"的思想，改革体育教学的具体途径和方法，使广大学生主动参加体育活动，充分体验体育运动的快乐、增强体质、锤炼意志、塑造个性。②高等学校要根据实际情况，充分利用已有的各种体育竞赛和课外体育锻炼，使学生能够熟练地掌握各种体育技术，从而提高身体素质和综合素质。③鼓励和指导高校大学生建立各种类型的运动俱乐部，积极组织和安排学生参加各种形式的校外运动，以更好地适应高校学生的体育健身需要。④开展社团教育，充分发挥学生的主体性，促进其个体化学习，推动其健康发展。

我国高校使用国家投入资金建设的大型体育场馆，不应只服务校园内的师生群体，应本着共建共用的原则，体现体育场馆的公益性和社会性。高校体育场馆的建设和经营课题应在高校集中的新校区进行科学规划、合理布局，争取打破校际壁垒、实现共建共用。如果把高校大型体育场馆建设成集体育锻炼、休闲娱乐、体育产品销售于一体的多功能综合体育服务中心，完善与之相适应的现代化配套服务设施，则能够吸引消费者主动走到场馆中，多方位、多渠道地提高高校大型体育场馆的经营效益。场馆也能够服务社区、服务社会，发挥更大的社会价值。

赛事主办单位在保证该项赛事各项工作顺利进行的同时，应设立赛事招商部门，通过体育产业人才对该赛事的赛事管理运作、参赛规模、筹资渠道、赞助资源等方面进行系统化分析，在政策允许的范围内，最大化地提高赛事合作企业的使用权益，实现赛事自我造血的良性循环。厘清赛事投入和产出的真实收益，合理规划该项赛事的市场价值定位，探索赛事收益的创新点，构建"体育＋商业"的创意新思想，可以通过多种渠道发布赛事资源开发信息以及赛事运作模式合作开发信息，充分挖掘赛事外延资源，提高赛事资产资源的开发利用率，拓宽赛事资金来源。

以我国大学生羽毛球锦标赛为例,主办方应结合多种赞助营销模式,增加与赞助商的互动营销、口碑营销和文化营销。主办方应为赞助商设立产品功能展示区,采用赛前、赛中和赛后等宣传方式对赞助企业进行形象宣传,为赞助商提供更为宽广的赛事广告信息传播渠道,实现赞助商宣传模式的多样性。赛事主办方要为赞助商制定合理的赛事赞助等级规划制度,目的是为该赛事营造良好的赞助氛围,明确指出各等级赞助商所能使用的赞助权限,同时为赞助商提供多种形式的广告宣传模式,降低赞助商的广告宣传成本,准确表达出赞助商广告宣传的受众群体,为赞助商与学生消费群体搭建消费平台,切实提高赞助商的赞助效益。

第五章 高校体育与社会经济发展的关系

第一节 体育对高校、社区的影响

一、体育对高校发展的影响

在经济全球化背景下,促进高校体育发展以及体育经济的发展已经成为时代的要求,高校必须正视并紧跟时代的发展,为体育经济水平的提高奠定良好基础。

高校体育的主体是一群高素质的青年,这一群体在体育消费中占有较大比重,能够有效地推动我国体育经济的产业化发展。同时,高校的研究技术较为先进,能够帮助和促进体育项目的改进和优化,在不影响学生学习的情况下,开展校园体育科技的相关活动,以此更好地推动以校园为中心的体育经济发展。此外,高校还可以通过引进社会资源的支持,来提高产业资源的应用率。想要促进高校体育产业健康化、经济化发展,高校需要积极动员学生参与到体育活动中,并充分融合高校体育设施资源,进而促进高校体育向市场化和产业化方向转变。这既能够加速推动高校体育事业和市场经济体制的融合发展,也能够提高高校的体育产业收益。

目前,我国体育事业仍然处于高速发展时期,因此要加快体育产业发展的步伐就需要从体育资源占比较大的领域入手。这主要是因为高校体育赛事不仅能够带动其他高校积极参与,同时也能够带动社区和居民的参与,从而提高体育事业的影响力。

从生态环境来看,高校的体育资源作为可持续开发资源,在专业转化的同时,也能够促进高校体育课程的改革和完善,将新的体育理念和社会市场经济相结合,加快我国体育产业化发展,实现体育资源的绿色可持续开发。

高校体育经济化的发展是以市场经济为背景,以高校体育事业为基础,结合社会主义市场的发展规律,合理开发高校体育资源,提高体育教育水平,达到促进体育经济发展的目的。

高校教育工作的顺利开展离不开体育教育工作的推动,高校做好体育教育工作,既能够使学生实现全面发展的目标,也能够取得一定的经济效益,但是,从现阶段教学现状来看,高校体育的教学模式比较单一,在内容方面还缺少吸引力,这就制约了高校体育经济发展。对于社会体育来说,其内容丰富,涵盖的项目多元化,学生能够从不同的维度进行体育活动,满足自身条件,将高校体育需要和社会体育相结合,这在优化高校体育教育体系的同时也能够丰富教育内容,进一步弥补传统体育教育的不足,从而将实践教学落到实处。

如今,我国高校之间的竞争已经进入白热化状态。各高校不仅面临着国内的的竞争,还面临着海外高校的竞争。因此,高校要想获得竞争优势,必须拥有核心竞争力。那么,高校的核心竞争力从何而来?已故清华大学校长梅贻琦于1931年在清华的就职演说中提出,"所谓大学者,非谓有大楼之谓也,有大师之谓也。"那么,大师的核心是什么?大师是思想的代表,核心是文化。因此,高校作为人类文化发展到一定阶段的产物,其核心竞争力自然也是其所拥有的大学文化所产生的作用力。高校体育经济发展作为大学文化力的重要组成部分,能够十分有效地促进大学核心竞争力的提升。事实上,体育作为高校教育中最富有活力和最具创造力的载体,是学校文化培育的重要途径。对内而言,体育作为一种文化,具有易于接受性,能够将不同背景的人群凝聚起来,促进这些人群之间的沟通,增强了人们对于高校的文化认同,使得高校产生强大的内聚力。高校体育经济发展培育和拓展,为校园营造出充满活力的氛围,能够促进师生在体育活动实践中获得健康的学习和工作方式,促进不同群体之间建立和谐的人际关系,为学校的发展提供了强大的精神动力和支持。对外而言,强大的高校体育文化力本身便是高校的名片。高校体育经济发展可以带来高校品牌竞争力的提高,进而可以获得相应的品牌效应。比如哈佛大学、耶鲁大学等世界一流学校所拥有的橄榄球、棒球、篮球文化成为这些学校的重要名片。这些优势体育文化提高了学校本身的知名度，为这些学校吸引了大量的优秀生源。并且，学校借助这些体育活动举行的体育赛事，还可以为学校吸纳大量的经营资本，反过来促进学校体育文化的发展，形成高校体育文化事业和体育文化产业的良性循环。

二、高校体育的作用

体育竞赛是高校体育活动的基本特征，是校园体育体系的核心，是体育课堂教学的延伸，是检验体育运动效果的重要依据，对学生体育健康观念的形成起着至关重要的作用，也是校园文化活动的重要组成部分。体育竞赛是学生在运动技能、体能和智能上的交流与博弈，是学生间思想作风和意志力的较量，大力发展体育竞赛是体教融合背景下体育发展的必然趋势。

教育部印发的《高等学校体育工作基本标准》对高校体育工作提出了具体要求，每年应按时举办春季或秋季大学生运动会、综合性体育竞赛及体育文化节，鼓励、支持各院系、专业、班级等主体积极组织体育竞赛活动，促进学生的交流与学习；设置学生乐意参与、易于参与的体育项目，发展更具有健身性、民族性、趣味性的体育项目。高校要通过体育竞赛发挥体育在学校人才培养中的重要作用，通过体育竞赛为体育理论研究提供有力数据，推动科研的创新；通过体育竞赛发扬体育精神，传承体育文化。2020年，《关于深化体教融合促进青少年健康发展的意见》（下文简称《意见》）更是强调了开展体育竞赛的重要性，并提出要丰富竞赛的组织形式，利用多种渠道展开体育竞赛活动，使校内、外、校际联赛有机结合。

高校在体育强国建设中起至关重要的作用，体教融合背景下高校体育竞赛将成为发现人才、培养人才、输送人才的有效途径。体教融合就是把体育人才的培养任务逐渐从体育系统转至教育系统，凸显教育的重要作用。体育即教育，是教育体系中重要的组成部分，学校体育是支撑，群众体育是保障。原先的竞技体育人才培养重点由体育系统负责，三级训练网是重要的人才输送通道，随着体育的不断改革，人们在重视竞技的同时更加关注自身的全面发展，竞技回归校园是必然趋势，体教融合趋势下校园将成为后备人才培养的重要基地，高校体育竞赛不仅是为了增强体质、促进学生健康成长，更是培养体育人才，为优秀运动员提供丰富资源的平台。

高校的体育经济在社会体育经济中具有重要的影响作用，这主要是由于学生具有带动体育经济的消费能力。同时体育消费和其他消费又有本质区别，体育消费需要经过专业性的教育，并在此过程中不断激发人们热爱体育的情感才能够达到体育消费的目的。但快节奏的生活使人们的消费方式更加多样化，导致我国体育消费水平降低，但对于高校学生而言，参与到体育活动中，势必会推动体育经济的发展，也能够在整体上带动体育消费。

想要促进高校体育经济的发展，首先要提高相关工作人员对体育经济的认识。高校体育教育虽然是一项教育事业，但随着校企合作办学的开展以及市场经济的深入，高校体育不仅是培养体育人才的教育事业，同时也是一项经济化、市场化产业。高校不仅要为体育事业的发展提供人才，同时也需要通过自身来为体育经济的发展提供效益。其次，高校教育虽然是一项公益性事业，但其发展仍然需要经济来维持，事实上，资金的投入极大地制约着高校体育产业的发展，因此高校体育想要进一步发展，势必要发展体育经济，从而促进教育和经济之间的协调稳定。

三、增强软实力

高校体育的地位取决于根据现阶段其所能发挥作用的程度和人们的需求、社会建设的需要。作为高校教育的重要组成部分，高校体育教育不但能有效地增强大学生体质，促进大学生身体的健康生长发育，而且能够培养大学生的体育素养和精神，对促进大学生个性的全面发展的作用不可小觑。现阶段，随着社会经济的增长和科技的进步，人们的物质文化需求也在逐步提高，对体育文化生活的需求日益增大。高校体育教育可以引起大学生对体育的关注和兴趣，经过一段时间逐渐形成习惯，从而将体育融入自己的日常生活中，以适应现代社会生活方式，并为长期锻炼、终身体育打下坚实的基础。

体育文化力与其他文化力相互作用，相互影响，共同促进了国家体育文化软实力的提高。在当今社会，各国之间的交往越来越密切，体育文化的国际交往也越来越频繁。随着中国体育选手在国际比赛赛事上取得优异成绩，体育选手利用身体作为符号，展现了良好的精神面貌，提高了中国在世界体育赛事上的地位。在众多国际赛事中，国内高校也为国家输送了大量优秀的体育人才。比如，东北师范大学学生刘晓颖获得了第十六届冬奥会短道速滑1500米亚军,这是我国高校体育文化力不断增强的直接体现。

高校体育文化力对于国家文化软实力的影响不仅体现在国际赛事,更体现在高校文化力对于中国文化符号的形塑和国家体育参与氛围的培养上。当前,世界各国在进行国家软实力的竞争时,都在积极寻找代表本国的文化元素和文化符号,以展现本国的文化特色。这时,民族传统体育项目往往成为国家文化推广的重要载体。高校在民族传统体育推广过程中扮演着重要角色。中国特色的武术文化、太极拳、养生术等体育文化在高校校园中推广和发展,加强了人们对于民族传统体育文化的认识和实践。更重要的是,国家文化软实力的根基在于国民对于体育文化的积极参与,而高校则在增强人们体育参与意识方面发挥了非常重要的作用。高校体育经济发展的构建,不仅可以促进学生掌握与体育学习、体育锻炼与训练的技能方法,还可以有效地提高师生参与体育意识的自觉性,有助于师生终身体育意识的构建。这种体育参与意识事实上成为体育活动最肥沃的土壤,有力地促进了体育文化的发展。应该说,一国的文化软实力的真正根基正在于体育文化力所培养的充满活力的文化土壤,而这种土壤则是我国从体育大国走向体育强国的必要条件。

第二节 外部投资、赛事和社会支持的作用

一、赛事的经济影响

在市场经济影响下,当前高校的教育必须面向市场,为市场提供专业人才。因此,高校的体育事业发展必须满足市场的需求。为了更好地促进高校体育事业的发展,高校需要转变原有的办学理念,在保证本职教育任务完成的前提下,以市场为导向,全面促进体育教育和体育经济的融合发展。在发展过程中,高校对自身的体育市场要能够做到有的放矢,不盲目跟风,要符合自身的办学特色,不能舍本逐末。

中国虽已跻身于"体育大国"行列，但仍未能成为"体育强国"。我们仍然需要在体育方面继续努力，并且要不断地提升其市场化程度。在我国竞技运动中，运动员的训练效果还需要进一步提高。在篮球、足球等各种团体项目中，还没有达到预期的训练效果。实施"体教融合"思想可以有效拓展我国体育人才的发展道路，为挖掘和选拔人才提供更大的空间，并能促进更多大学生主动参与体育活动。同时，体教融合可以提高职业体育类专业人才的综合素质和综合能力。

从图5-1中，我们可以看到CUBA赛事是核心产品。所谓的衍生品，包括外形产品和延伸产品。外形产品中以赛场中途的啦啦队表演以及运动员与观众的互动为主，而延伸产品就是我们常常看到的纪念品、服装、其他用品等，这些外形产品和延伸产品都是包装核心产品的方式，让人们通过这些衍生品对CUBA更关注，同时这些衍生品也是表现CUBA所要传达的体育文化的媒介手段之一。

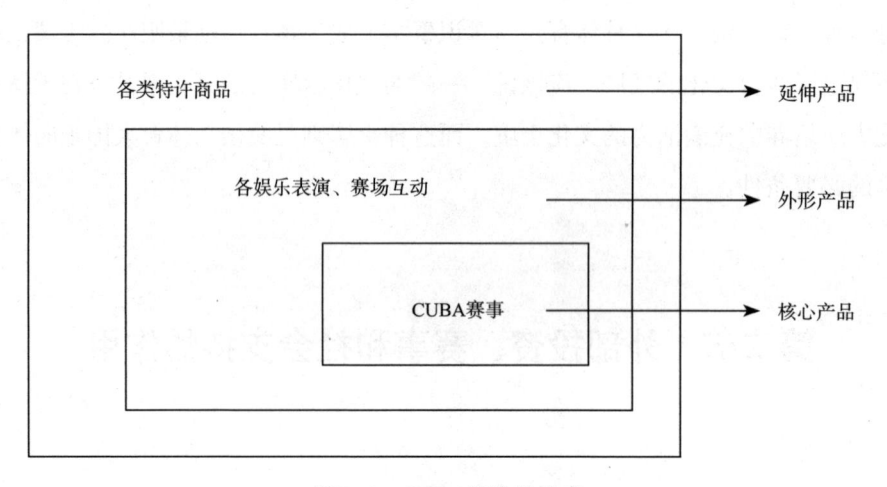

图5-1　CUBA衍生品构成

二、吸引外部投资

21世纪以来，我国体育产业开始萌芽，从无到有，从小到大，特别是经历了2008年奥运会的催化，我国体育产业快速成长，取得了巨大的进步。与此同时，我国产业结构进行了调整，体育产业迎来春天。

2018年我国"百项赛事"的任务目标圆满完成，其中举办国际级赛事12

项，国家级赛事18项，省级赛事15项，市级赛事128项，赛事项目种类繁多，如马拉松、足球、篮球、武术等项目。以郑州为例，2019年，可以称为"郑州体育年"，这一年郑州一共举办了1065项群众体育活动（赛事），其中有106项市级及以上重要赛事，如第十一届全国少数民族传统体育运动会在郑州举办，并且在大多数高校都设立了赛事项目的分会场，为郑州市民以及众多学子奉献空前的体育盛会。比如WTA郑州公开赛云集世界级女子网坛巨星，让当地普通民众一睹巨星之风采。2019年，我国最出彩的体育赛事还有羽毛球单项冠军赛，本次赛事为羽毛球爱好者送上了精彩绝伦的羽毛球比赛；同年举行的国际乒联世界巡回赛总决赛，让乒乓球爱好者感受到前所未有的比赛氛围。2020年，我国以"世界眼光、国际标准、郑州特色"为目标和标准，在郑州举办了第十三届中国郑州国际少林武术节、高标准举办WTA郑州公开赛、郑州国际马拉松赛、郑州龙湖国际半程马拉松赛、中国郑港国际徒步大会等多项郑州特色品牌赛事。每年都会积极响应国家体育总局的相关要求，积极筹备、承办各类联赛郑州赛区工作。

每年我国都举办了各类赛事，这其中有很多固定的体育赛事，如"华光杯"体育赛事活动，此外，随着经验的增长以及政府对于体育产业的高度重视，我国开始引进国际品牌体育赛事和国内重量级体育赛事。国内举办这些体育赛事具有重要意义，其整体上形成了浓厚的品牌赛事氛围，深受高校大学生青睐，不仅促进了大学生积极参与，同时极大地提高了学生欣赏赛事的能力。举办国际性品牌赛事，能够促进大学生参与志愿服务工作，引导学生对体育活动产生浓厚兴趣，在促进学生身心健康的同时，打造品牌赛事。

高校应当深入考虑大学体育经济发展中的市场因素。例如，服务与消费者之间的关系、场所资源、学校师生资源等，通过整合相关体育资源，创造可以吸引社会和企业投资的环境和条件。第一，高校体育经济活动的主要目标是经济效益和社会效益，因此有必要制订"以市场为导向"的经营计划和可持续的营销计划。第二，逐步实现大学体育经济发展目标的规划，并且想获得经济回报，必须进行有针对性的定量分析。同时，应积极开展以大众体育和休闲体育为基础的全民健身活动，促进大学体育的产业化，最大限度地发挥消费市场的潜力，实现"多赢"，把它当作带动经济利益的产业模式。第三，有必要加强体育科学研究的实用性，以便开展适合国家政策的体育活动并科学合理地管理体育资产。第四，向社会推广高校运动会，建立高校运动会管理机构，并利用体育广告代理机构吸引赞助，利用校企合作模式获得收益。第五，提供有偿服务，以合理的价格向学生和社会提供有偿开放服务，为体育运动培养优秀运动员和裁判员，从而形成面向市场"一站式"的大学体育经济体系。

高校体育竞赛需要积极发掘体育制造业、体育服务业、体育电商、体育场馆出租、体育广告业的潜在价值，通过自身优势带动相关体育产业的发展，延长体育产业链。例如，体育制造业可以利用一场大型的体育赛事，为运动员配置智能化的、可穿戴的运动设备，既体现了"以人为本"的体育理念，又增强了比赛的科学性，更重要的是对于品牌的宣传起到了很好的推广作用。体育电商可以根据国内大型赛事的经验，在赛事结束后，对优秀运动员的运动装备进行网上出售，也可请他们作为品牌代言人，通过观众的喜欢力度，能够增加体育电商的销售量。再者，高校联赛结束后，体育场馆可以利用互联网开通线上场馆预订服务，积极承接校内外的体育比赛，充分利用场馆优势，使更多体育爱好者参与其中，营造校园体育竞赛氛围，提高体育人员的场馆组织管理能力，缓解一定的财政压力。在体育广告业方面，多利用高校资源从"校园体育明星"入手，通过制作精美的赛事海报，线下线上同时宣传，设置话题讨论，促使学生们积极参与其中，形成一定热度之后，有利于高校体育竞赛形象的树立，吸引更多赞助商的加入。

三、高校体育赛事宣传

大学生高水平赛事在竞技水平、观赏度等方面与职业赛事存在不小的差距，因此被电视转播的赛事并不多，但也有其独特的优势，这种优势体现在大学生对赛事有天然的亲切感，愿意为自己的学校加油呐喊，这保证了大学生高水平赛事观众数量的下限。这种情况下，大体协需要更加重视增加现场观众的人数。与美国大学比赛火爆的场面相比，我国很多赛事现场大学生观众较少，排除场馆设备等因素，赛事的宣传力度不够是造成上述现状的重要因素之一，很多高校只重视竞赛成绩，不太关注高校赛事品牌建设，忽视了在校大学生这一群体所蕴藏的巨大潜力，学生并不知道学校承办或者要参加的各类赛事。在电视转播受限的情况下，大体协要与各会员单位积极沟通，使各类赛事信息在高校得到广泛推广和传播，吸引更多大学生到现场观看比赛。此外，网络平台数字传播技术将改进各类体育赛事转播的技术和质量，提高观赏质量和体验，吸引更多的观众观看体育赛事，促进职业体育赛事的发展。自媒体的繁荣和发展也为提高赛事知名度提供动力，大体协可以选择与媒体公司合作，充分利用各社交平台，在举行赛事期间策划相应活动，增加网络流量和热度，可以创造出巨大的累计观众数量。要不断提升线上直播技术，可以设置数据技术统计、包厢聊天、红包雨、有奖竞猜等环节，强化观赛的娱乐体验，还可以邀请明星运动员、校园大使、网络红人等体育届资深人士加入直播，与同学们进行友好互动，制造热点话题。对于一些规模比较小的赛事，高校可以通过网络投票平台对赛事进行宣传和预热，通过收集的信息对赛事进行针对性的布置和安排，使得投票人更有参与感，达到增幅宣传的效果。高校要利用好公众号以及其他平台账号，定期推送赛事信息和介绍高水平运动队的文章，增大曝光度。在举行校内体育赛事时，高校可以邀请高水平运动队参加表演赛，拉近与大学生的距离。

体育赛事宣传是提高企业形象和商品认知度的最有效方法之一，大学生群体的活力、自由、奋斗等标签是否与赞助商形象相契合至关重要，首先，企业的目标群体是否是大学生，这对企业信息的传递产生直接影响。如果赛事的观众即为企业的潜在消费者，那么这种重叠可以提高企业在目标群体中的知名度；其次，大体协要考虑赞助企业的产品与赛事的吻合度，这关系到观众对于赞助商所传达信息的接纳程度。因此，大体协在寻找体育赞助时，要充分考虑这一重要因素。当然，赞助商活动的推广也很重要，人们对于亲身经历的记忆总是印象更为深刻，大体协应该尽量为赞助商与大学生创造互动的机会，例如，利用促销、试用或者发放优惠券等方式进行地推，同时利用线上运营如公众号、视频号等多个平台对赛事进行赛前和赛中宣传，加强赞助商的产品与举办赛事之间的联系，提高赞助商在大学生群体中的知名度，在赛事成功举办的同时帮助赞助商实现营销增长和企业形象提升的双重效益。

大体协要指导各会员单位开展群众体育活动，营造活跃、热烈的高校体育氛围，这是保证各类高水平赛事关注度的基础，首先应当完善高校的体育设施、器材和运动场地，满足大学生日常锻炼、健身、运动的需求，此外，每个会员单位应采取因地制宜、就地取材的方法，充分利用学校的环境条件，发挥自身优势，尽量开发一项优势或特色体育项目，提高自身的辨识度和知名度，吸引更多大学生积极主动地参与到体育赛事中，让体育成为校园生活的一部分。当然，赛事的组织水平也会影响企业的赞助行为，赛场秩序维护程度高会增强观众的体验感，而管理混乱的赛场则会降低观众的好感度，进而影响赞助商的品牌推广，除保证各承办单位学校的特色以外，大体协在赛事管理方面应制定统一的标准。首先，场外要放置急救车或应急设备，可以保证运动员和观众遭遇紧急情况时第一时间得到救治；其次，每场赛事的举办要考虑赞助商的数量，以决定广告牌的数量和放置的位置。广告牌应该做到醒目，以达到帮助赞助商推广的效果，但不能太过夺目，否则将分散观众观看比赛的注意力。最后，为了提高比赛的组织水平，主办方应该在赛前对大学生志愿者进行岗前培训，提高其服务意识和服务水平，增强其应对突发事件的能力，协助赛事成功举办。

除了对有限资源进行高效开发以外，高校体育赛事还应充分利用开放文化这种无形资源。品牌体育赛事的文化是一种将赛事的价值、利益以及审美有机结合起来的文化现象，它将体育赛事作为载体。品牌文化的文化功底集中体现在赛事口号等方面；中层次文化集中体现在公众对赛事的需求以及情感依赖上；提升到较高的价值层次上，是民众的普遍认可，体现为对品牌文化有极强的情感依赖性，公司积极参与，并能产生良好的经济效益，形成一定的社会影响力。品牌赛事文化的价值以及内涵便由以上层面共同构成。在我国高校校园文化建设中，品牌赛事的文化建设是核心内容，它能促使高校学生积极拼搏，对标体育健儿，将体育赛事的约束作用全面发挥出来，使高校学生在观看比赛之余能够提升自身体育水平。

第三节　体育赛事与旅游业结合

体育赛事，尤其是大型国际赛事，如奥运会、世界杯等，不仅是一场体育的盛宴，更是一场经济和文化交流的盛会。它们与旅游业的结合，不仅推动了体育经济的发展，更为旅游业带来了前所未有的机遇和挑战。这种结合不仅提升了城市知名度，也为当地经济带来了显著的增长。

一、体育赛事吸引大量观众和游客

大型体育赛事由于其具有全球性的影响力和极高的观赏性，吸引了来自世界各地的观众和游客。这些观众和游客不仅带来了直接的经济收益，如门票销售、纪念品购买等，更为当地旅游业带来了大量的客源。他们参观旅游景点，品尝当地美食，参与文化活动，为当地旅游业注入了新的活力。

二、体育赛事带动相关产业的发展

体育赛事的举办，不仅需要高水平的体育设施，还需要完善的配套设施和服务，这为餐饮、住宿、交通等相关产业带来了巨大的商机。餐饮行业可以通过提供特色美食，满足观众和游客的口腹之欲；住宿行业可以提供多样化的住宿选择，满足不同的需求；交通行业则需要提供高效、便捷的交通服务，确保观众和游客的出行便利。这些产业的发展，不仅为当地经济带来了可观的收益，也为当地居民提供了更多的就业机会。

体育产业以竞技赛事为基石，构筑起包括核心层、外围层和相关产业层的完整产业链。核心层聚焦于上游赛事资源，涵盖了国内职业联赛、大众体育赛事以及国外核心赛事的组织与运营，这些赛事构成了竞技赛事的主体。企业通过赞助、联赛分红及门票收入等多种方式实现盈利。外围层则聚焦于中游媒体传播，为赛事提供全方位的媒体覆盖和营销支持。而相关产业层则对应于下游的体育衍生产业，这些产业包括体育彩票、体育旅游、健身培训等多个领域，它们以竞技赛事为基础，进一步拓展和丰富了体育产业的价值链。这样的产业链布局使体育产业得以全面发展，各个环节相互支持、相互促进。丰富与精彩的上游赛事资源为中游媒体传播提供了丰富的内容和话题，也为下游体育衍生产业提供了广阔的发展空间；而下游产业的繁荣与发展又可以为上游赛事提供更多的资金支持和市场关注，形成一个良性循环。

国家统计局将体育产业分为三大类：体育用品及相关产品制造，体育场地设施建设，以及包括体育竞赛表演活动、培训教育、健身休闲活动等在内的体育服务业。

2016～2020年，中国体育服务业、体育场地设施建设增加值占比均呈逐年上升趋势；体育用品及相关产品制造增加值占比呈现逐年下降趋势，由2016年的44.2%下降至2020年的29.3%。2020年，体育服务业、体育用品及相关产品制造、体育场地设施建设增加值分别为7374、3144、217亿元，占体育产业增加值的比重分别为68.7%、29.3%、2.0%，分别比上年+1%、-1.1%、+0.1%。从增长速度看，受新型冠状病毒感染影响，多数体育产业类别增加值出现下降，但以非接触性聚集性、管理活动为主的体育服务业增加值保持增长，体育产业整体增加值增速为-4.6%。其中，增速最高的是体育传媒与信息服务，增长18.9%；其次是体育教育与培训，增长5.7%；增速最低的为体育场地和设施管理，增长-20.2%；其次为体育经济与代理、广告与会展、表演与设计服务，增长-16.9%。

体育产业是国民经济的重要组成部分，据国家体育总局与国家统计局联合发布的体育产业经济数据显示，体育产业的市场需求与经济规模逐年增长，产业前景广阔，潜力巨大。2019年，我国体育产业总规模达29483亿元，较2018年同比增长10.9%，实现增加值11248亿元。2016～2019年总产出复合增速为15.8%。2020年，受新型冠状病毒感染影响，多数体育产业类别增加值出现下降。2021年12月31日，中国国家统计局发布《2020年全国体育产业总规模与增加值数据公告》。经核算，2020年全国体育产业总规模（总产出）为27372亿元，与2019年相比，总产出下降7.2%（未扣除价格因素，下同），增加值下降4.6%。体育服务业占比为51.6%，其次是体育用品及相关产品制造，占比为44.9%。其中，体育服务业中占比前三的项目分别为：体育用品及相关产品销售、出租与贸易代理，体育场地和设施管理，体育教育与培训；分别占比16.5%、7.9%、7.4%。

从国民经济贡献上看，体育产业逐步成为国民经济的重要组成部分。2016～2019年，我国体育产业总产值以及我国体育产业增加值占GDP比重均逐年增加，2016年体育产业增加值占比仅为0.87%，2019年已增长至1.12%。2020年，受新型冠状病毒感染影响，多数体育赛事均往后推迟，故2020年我国体育产业总产值以及增加值占GDP比重均略微下降，但这种情况只是暂时的。

为了提升人民群众的身体素质和健康水平，并将体育产业打造为经济转型升级的关键支柱，国家在体育产业方面进行了重要的政策引导和规划。通过为体育事业设定清晰的发展目标，国家在减税、土地规划、人才培养与就业等方面提供了实质性支持。自2010年起，《国务院办公厅关于加快发展体育产业的指导意见》（国办发〔2010〕22号）等一系列文件发布，积极推动体育健身、竞赛表演、中介服务、用品制造及服务贸易市场等各个细分领域的全面发展。2014年，国务院更是明确提出了到2025年体育产业总规模要突破5万亿元的宏伟目标。在随后的几年中，特别是在2019～2020年，我国密集出台了一系列与体育产业紧密相关的政策文件，如《国务院关于实施健康中国行动的意见》（国办发〔2019〕13号）、《国务院办公厅关于印发体育强国建设纲要的通知》（国办发〔2019〕40号）等，这些政策不仅从国家层面为体育产业的发展指明了方向，也体现了国家对提升全民健康和推动体育产业发展的坚定决心。与此同时，各地方政府也纷纷响应，出台相应配套政策，确保体育产业发展的各项目标能够实现。这一系列举措共同构成了国家推动体育产业全面、快速、健康发展的重要战略布局。

随着2022年冬奥会申办成功，我国冰雪旅游迎来前所未有的发展机遇。2016～2020年，国家及地方政府出台了《冰雪运动发展规划（2016—2025年）》《群众冬季运动推广普及计划（2016—2020年）》《全国冰雪场地设施建设规划（2016—2022年）》《全国冬季项目体育竞赛管理办法（试行）》等多项策推动冰雪产业的发展。

我国冰雪资源主要分布于北方地区。其中，黑龙江、河北、吉林、北京、青海等地均对当地冰雪产业的发展目标以及主导冰雪产业等项目进行了详细规划，并出台相关政策，确保冰雪产业规划的落地实施。

伴随着2022年冬奥会热度以及国家政策的大力支持，我国冰雪产业已经驶入快车道。2019年，我国冰雪产业市场规模已经突破5000亿元；2020年突如其来的新型冠状病毒感染使得我国冰雪产业受到重创，市场规模也大幅下滑。不过，国内新型冠状病毒感染得到有效控制后，我国冰雪产业已经开始复苏，整体来看，我国冰雪产业景气度不减。2022年冬奥会的成功举办等多重利好，预计我国冰雪产业将迎来新一轮的发展。

冰雪旅游正逐步崛起为我国冬季旅游和冰雪经济的核心动力。随着北京冬奥会的日益临近，以及国内冰雪旅游产品的日益丰富和滑雪场等基础设施的持续完善，全球冰雪旅游爱好者纷纷涌入张家口、长白山、哈尔滨等知名的冰雪旅游胜地，进行冰雪运动的训练和观光休闲度假。这一趋势展示了我国冰雪旅游的巨大潜力和广阔前景，也反映了我国冰雪文化和冰雪运动的日益普及和影响力。

上游体育赛事IP作为体育产业的内核，是带动体育产业链发展的原动力。目前体育赛事IP类型多样，分为综合性运动会和单项体育竞赛两大类，包括篮球、足球、路跑、冰雪、拳击等，涉及面广。体育赛事IP为广大观众和体育爱好者带来了丰富多样的观赛和参与体验；为社会媒体带来了极具传播价值的顶级流量；为赞助商带来了不可估量的商业效益。体育产业所有的上层建筑都离不开作为地基而存在的赛事IP。

随着人类生产力和社会的快速发展，体育赛事自身的竞技水平、观赏性不断提升和媒体的报道力度显著加大，体育赛事已经真正成为全球范围内观众们的共通话题之一。在2017年、2018年和2019年，世界体育竞赛规模分别是17507、19198、20950百万美元，保持增长趋势。2020年，世界体育赛事规模仅为2019年规模的39.36%，受新型冠状病毒感染影响明显。2021年较2020年规模有一定的增长，但是还未恢复到新型冠状病毒感染暴发前的水平。美国的体育竞赛规模变化与世界体育竞赛规模变化一致。值得注意的是，在2017年、2018年、2019年、2020年和2021年，美国体育竞赛规模在世界体育竞赛规模中的占比分别为49.70%、48.45%、48.05%、48.48%和45.85%，占比接近一半。

国内体育赛事的发展仍处初级阶段，在国家政策助力下，其未来发展空间巨大。2019年和2020年，国内体育赛事表演活动规模分别为308.5亿元和273亿元，在总体体育产业的市场份额中占比分别为1.05%和1.00%。与体育产业发展成熟的美国相比，我国体育赛事产业仍处于初级阶段，未来有非常大的发展空间。

体育赛事运营是体育产业链的核心，整个体育产业链都围绕体育赛事的运营展开。体育赛事运营是指组织体育赛事或获取赛事版权，并进行赛事推广营销、运营管理一系列商业运作的运营活动。体育赛事运营相关业务主要包括赛事运营与营销、赛事版权运营两个部分。体育赛事运营的赛事运营与营销、赛事版权运营两个部分的收入组成有所差异，赛事版权运营的主要运营对象为顶级赛事，赛事运营与营销的主要运营对象为大众赛事。

体育赛事运营毛利率水平高，受新型冠状病毒感染影响较大。在2017年、2018年、2019年和2020年，中体产业体育赛事管理及运营和力盛赛车赛事运营的毛利率分别为33.06%、33.28%、37.17%和17.28%；33.57%、16.76%、30.15%和7.65%，除2020年受新型冠状病毒感染影响毛利率下降明显外，皆保持了较高的毛利率水平。在2020年，由于新型冠状病毒感染，各类赛事活动全部停止，各公司赛事运营毛利率都出现了一定程度下降。

赞助商和联赛互惠互利，中超联赛赞助金额规模快速增长。赞助商支撑联赛市场化运营，在赛场的曝光直接转化为赞助商品牌形象及收益的提升，进一步带动体育产业投资。赞助商通过赞助联赛获取更多曝光，企业的知名度、品牌价值与产品销量都将有所提升；而联赛通过赞助商所获得的直接经济贡献，转而带动赞助商等社会资本对于其他体育联赛、赛事及相关产业的投资热情。例如，在过去的近15年，中超联赛赞助商金额从2007年的0.46亿元快速增长，在2019年达到了6.14亿元，翻了近12倍。在2020年，新型冠状病毒感染导致联赛停摆，但2020赛季的总赞助金额仍达到3.08亿元，且新型冠状病毒感染并没有影响联赛的品牌声誉。与2019赛季对比，在2020赛季，球迷对中超赞助商更加关注，更愿意主动购买赞助商的产品。

国家级赛事IP价值依然有待释放，我国体育竞赛正随着大众对体育运动需求的多样化而改变。国家级赛事和国际赛事在我国体育赛事中占比为54.7%，超过一半。而绝大多数国家级赛事都由国家体育总局和其掌管下的各个协会负责运营，市场化程度并不高，社会企业参与赛事运营的程度有限。在我国传统体育受众特点的影响下，目前赛事主要集中在足球、篮球、羽毛球等普及度较广、大众接受度和参与度较高且市场化经验较为成熟的大众体育项目上。随着马拉松运动的快速普及，跑步类赛事所占的比例已经高于羽毛球等传统项目，我国体育赛事多元化的趋势愈加明显。赛事公司对电子竞技、水上运动、健身搏击、极限运动等过去关注度较为有限的项目产生了极大的兴趣。

在我国，体育赛事的赞助收入占据着市场的主导地位，这显示出我们的盈利模式仍有很大的改进空间。相比之下，国外体育赛事的收入来源更多元化，主要依赖于门票销售、衍生品及转播权的转让。以中超、CBA、广马和中网为例，这些国内知名体育赛事的赞助收入分别占据了 72%、90%、79% 和 75% 的总收入，均超过了七成。

然而，如果我们观察国际上更为成熟的体育赛事，如英超、NBA、NFL 和温网，我们会发现他们的收入结构更为均衡。在这些赛事中，门票及衍生品收入和转播权转让收入分别占据了 70%、84%、86% 和 65% 的份额。这种多元化的收入模式不仅降低了体育赛事对单一收入来源的依赖，也增强了体育赛事的盈利能力和稳定性。因此，为了推动我国体育赛事的健康发展，我们需要积极探索和改进盈利模式，努力实现收入来源的多元化。这包括提高门票销售、开发衍生品市场、以及加强转播权的管理和转让等方面的工作。同时，也需要加强与国际体育赛事的交流与合作，借鉴他们的成功经验，以推动我国体育赛事产业的持续繁荣。中国与欧美发达国家的赛事运营相比，其规模、盈利水平与商业结构在包括转播权收入和门票及衍生品收入方面还有很大的上升空间。

三、体育赛事提升城市的知名度和形象

大型体育赛事的举办，往往与一个城市的形象和知名度紧密相连。通过体育赛事的举办，城市可以向世界展示其独特的文化魅力、经济实力和社会风貌。这种展示不仅提升了城市的知名度和形象，也为城市带来了更多的国际关注和合作机会。

四、体育赛事与旅游业的相互促进

体育赛事与旅游业之间存在着相互促进的关系。一方面，体育赛事的举办吸引了大量观众和游客，为旅游业提供了丰富的客源；另一方面，旅游业的发展也为体育赛事提供了必要的配套设施和服务，确保了赛事的顺利进行。这种相互促进的关系，使得体育赛事和旅游业成为当地经济发展的重要引擎。

五、体育赛事与旅游业的挑战与对策

尽管体育赛事与旅游业的结合带来了巨大的机遇，但也面临着一些挑战。如何确保观众的出行安全、如何应对旅游资源的过度开发、如何保持旅游业的可持续发展等问题，都需要我们进行深入的思考和探讨。

（一）加强安全管理

在赛事举办期间，加强对旅游景点的安全管理，确保观众的出行安全。同时，加强对旅游市场的监管，打击不法分子的违法行为，维护旅游市场的秩序。

（二）合理规划旅游资源

在开发旅游资源时，要充分考虑资源的可持续利用和环境的保护，避免过度开发导致的环境破坏和资源浪费。

（三）提升服务质量

加强对旅游从业人员的培训和管理，提升他们的服务意识和技能水平。同时，引入先进的管理理念和技术手段，提升旅游服务的质量和效率。

体育赛事与旅游业的结合，为当地经济带来了显著的增长和众多的机遇。未来，随着体育产业的不断发展和旅游业的不断创新，这种结合将更加紧密和深入。我们期待着更多的体育赛事在美丽的风景和独特的文化中举办，为旅游业和体育经济注入更多的活力和动力。同时，我们也期待旅游业在体育赛事的带动下，不断提升行业品质和服务水平，为观众和游客提供更加美好的旅游体验。

第四节　体育品牌与文化创意产业的联动

随着体育产业的迅猛发展和人们生活品质的提升，体育品牌不再仅是体育用品的简单标识，而是与文化创意产业深度融合，共同塑造出一种独特的文化现象。体育品牌通过设计、营销等手段，将体育文化与时尚、艺术等元素相结合，创造出具有独特魅力的文化产品，从而丰富了文化创意产业的内涵，也为体育品牌带来了更广阔的市场和更多的发展机遇。

一、体育品牌与文化创意产业融合的背景

体育产业的快速发展为体育品牌提供了巨大的市场空间。随着人们生活水平的提高和健康意识的增强，越来越多的人参与体育锻炼和体育活动中，对体育用品和相关文化产品的需求也日益增长。这为体育品牌与文化创意产业的融合提供

了有力的市场支撑。

同时，文化创意产业的崛起为体育品牌的发展提供了更多的可能性。文化创意产业以创意为核心，将文化、艺术、时尚等元素与传统产业相结合，创造出独具特色的产品和服务。体育品牌通过与文化创意产业的联动，可以借鉴文化创意产业的创新理念和设计手法，打造出更具个性化和艺术感的体育产品。

二、体育品牌与文化创意产业的联动实践

体育产业在满足人民群众对美好生活不断增长的需求中发挥着至关重要的作用。随着收入水平的提升，人们的消费观念逐渐从物质需求转向更高层次的精神需求，体育消费正是其中的重要方面。特别是随着"90后""00后"这批庞大的年轻群体逐渐步入社会，他们更加注重社交和专业化健身，健身房、户外活动、比赛场馆和赛事转播已成为他们日常生活中不可或缺的部分。

近年来，在各大电商平台的"双十一"购物狂欢节期间，体育消费在总销售额中的占比稳定在约3%，这反映了体育消费在总体消费中的重要地位。值得一提的是，垂钓用品、冰雪运动、骑行、露营、攀岩和马术等新兴运动用品的销量增长迅猛，这些新兴体育项目往往比传统体育项目更加高端，这不仅体现了体育消费总量的增长，更体现了消费结构的多元化和消费水平的提升。这充分说明了体育产业在满足人民对美好生活的向往中扮演着越来越重要的角色。

在设计创新方面，体育品牌通过与文化创意产业合作，引入时尚、艺术等设计元素，打造出独具特色的体育产品。例如，运动鞋的设计不再局限于传统的功能性和舒适性，而是融入了潮流元素、个性化定制等创意理念，使运动鞋成为了一种时尚单品，吸引了更多年轻消费者的关注。

在营销创新方面，体育品牌借助文化创意产业的营销手段，通过跨界合作、主题推广等方式，提升品牌知名度和影响力。例如，体育品牌可以与电影、音乐、艺术等领域进行跨界合作，推出联名款产品或举办主题活动，吸引更多消费者的关注和参与。

在文化传承方面，体育品牌通过与文化创意产业结合，可以传承和弘扬传统体育文化。例如，一些体育品牌在设计产品时融入了传统民族元素和文化符号，使产品具有浓厚的文化气息和民族特色。这不仅有助于传承和弘扬传统文化，也

为体育品牌赋予了更多的文化内涵和价值。

此外，数字化已经广泛深入渗透社会各个方面，数字形态已经成为人民群众最喜闻乐见的体育消费形态。我国扩大数字体育消费有突出优势。一方面，我们有全球领先的网络应用技术，有极具活力的数字企业和平台，支撑多种形态的数字体育；另一方面，我国具有全球规模最大的线上消费市场，我国移动互联网联接人数超过11亿，人均每日线上时间超过6小时，线上市场总规模巨大，能够支撑庞大的数字体育市场规模。

未来几年，我国新型基础设施建设将加快推进，5G基站、云计算、物联网、数据中心等为体育数字化创造新的应用领域。例如，数字技术可以为体育信息处理系统提供更好的技术支撑，实现人工智能识别、健康数据全程跟踪等物联网技术深度应用。再如，数字技术可以为体育技术辅助系统提供技术支撑，应用运动捕捉系统、信息库和数学建模技术，深度挖掘和分析揭示体育活动规律，更高效指导运动训练。还有，数字技术可以为运动现实模拟系统提供支撑，如应用数字仿真技术虚拟显示运动场地、应用虚拟仿真技术展示运动过程等。总之，数字技术能够极大拓展各类体育项目数据汇聚、分析和使用边界，提供更大的生产、服务和增值空间。

数字技术是全球化技术。网络空间连通全球，可以在网络空间提供的服务都非常适宜全球化发展。体育产业中有许多行业都是网络适宜型的。例如，各种赛事适宜在全球网络空间传播和观赏，这也是新媒体版权成为近几年各国职业体育首要收入来源的原因；互联网健身平台、智能体育、网络体育社区等都可以跨国运作。甚至场馆数字化建设也能够促进体育开放与全球合作竞争。据媒体报道，2019～2023年，北美地区共有118座场馆进行总价值为162亿美元的升级改造，全方位地提升赛事精彩度和观众体验感，并通过线上提供更多服务，不仅吸引当地观众现场消费，也吸引全球的消费者"线上"入场观赏比赛和参与各类增值服务。

在5G等新技术的支撑下，数字体育服务将不断开拓新形态。数字健身服务、数字群众体育活动、数字赛事转播、数字体育培训及电子体育项目等，都将较快发展，既带来传统体育消费品质提升，更创造许多新的消费场景。例如，基于互联网平台的健身连锁服务快速发展，自助程度很高，消费者可以选择最方便的时间和地点进行健身。再如，数字视频平台竭力提升其数字转播技术，支持多点远程制作的云端赛事制作平台，能够在多路赛事信号场景下呈现最精彩画面，使各类体育赛事的线上观赏度达到较高水平，吸引了越来越多的消费者上网参与和观看。近几年，线上娱乐选项日益丰富，许多年轻消费者难有耐心观看整场比赛，因此多种体育类短视频深受广大消费者喜爱，带来巨大的观赏与参与人群，成为用户流量新高地，成为供给侧新的增长点。另外，5G技术支撑下的场景仿真技术，促进了互联网体育培训业的快速发展。

我国的体育装备制造业虽然规模较大，但大多处于价值链中低端，产品科技含量和档次都不高。数字化转型将加快提升体育制造业技术和质量档次。一方面提升生产过程数字化水平，传感器接入大量设备和工具，连通生产过程甚至整个产业链，企业实时获取生产和运营信息，大大提高生产效率。智能制造体系还能为消费者提供个性化选择，例如消费者可以自助下单，选择将自己喜爱的体育明星印制在产品上。另一方面提升产品档次，生产多种高端体育设备和器材，其中包括多种类型的数字和智能装备，如手表、手环、眼镜、服饰等可穿戴智能设备等，满足消费者的多样化需求。这些智能设备可以实时感知人体运动的生物学信息，及时、准确判断人体活动状态，为提供更多的体育数字服务打下硬件基础。

在先进技术支撑下，体育制造业和体育服务业两者很大程度上将融合发展。智能制造系统依托于传感器、网络通信系统、数据挖掘和计算能力，形成了硬件制造销售、系统平台与应用开发、大数据及相关服务、广告及其他增值服务为一体的产业链闭环。例如，智能体育项目以高端智能制造为前端，以运动场景为后端，通过数字技术相连结，集合制造、健身、赛事、文旅、康养、体育培训、内容传媒、场馆运营等业态，是二、三产业复合的生态链式产业。更有意义的是，智能体育将虚拟网络游戏实体运动化，突破物理空间与时间限制，参与者可以足不出户，在室内小空间体验山地骑行、滑雪、高尔夫球等对场地要求较高的运动。对消费者来说，既能享有网络空间和数字技术的乐趣，又有真实的身体运动，实现了娱乐与健身的双重目的。在体育产业诸多领域中，体育制造与体育服务数字化融合发展都有广阔前景。

网络平台要吸引大量消费者并最大化利用平台效应，关键在于构建丰富多元的产品线和服务内容。在众多平台内容中，体育相关内容尤其是体育比赛因其高关注度而备受瞩目。因此，各大平台都竞相持有多个赛事版权，并努力开发多样化的体育内容。在我国的主要视频节目平台中，它们不仅各自掌握了多个国内外知名赛事的IP，还积极发掘潜在观众众多的新赛事，以吸引更多用户停留在平台上。平台利用强大的互动功能，个性化地推送核心赛事信息、赛事特写、花絮及场内外趣事等内容，这不仅吸引了核心体育迷的关注，还吸引了非核心体育迷和非体育爱好者的兴趣。事实上，后两类信息的关注度常常远超核心赛事信息。

此外，有些项目具有较高的观众转化率，平台通过提供比赛视频吸引观众，实质上也在构建一个社区，吸引潜在消费者加入并促进他们的转化。以自行车和滑雪项目为例，这些运动项目的观众转化率出奇地高，他们迅速沉浸在骑行和滑雪的激情中，成了忠实的车迷和滑雪迷。这种快速且高效的转化率为网络平台带来了宝贵的商机。利用这一契机，平台可以灵活提供相关的骑行和滑雪设备、专业培训、俱乐部会员服务及丰富的活动安排等，将大量的观众流量成功转化为可观的收益，从而实现显著的营销效果。

当前的数字化时代，著名的体育赛事不仅是一场体育盛事，更是一场商业盛宴。体育明星们凭借着其超凡的专业技能和广泛的影响力，成为商业价值巨大的焦点。数字技术以其独特的优势，能够无缝联结多个产业和多样化的场景，从而构建出一个庞大的IP生态圈。在这个生态圈中，服务提供者和消费者之间紧密相连，服务提供者不断满足和丰富用户的多样化需求，也不断拓展和增强IP的影响力。在我国，体育明星的IP价值评估通常是基于多个维度，如运动员的专业技能、知名度、社交媒体活跃度、粉丝数量及代言品牌的价值等。这些明星们不仅技艺高超，而且个性鲜明、富有魅力，他们与粉丝互动交流，分享运动体验、生活方式、情感、时尚、情怀和梦想等内容，与广大网民特别是年轻群体的精神和心理需求高度契合。近年来，以国内体育元素为主题的综艺节目迅速崛起，吸引了大量非核心体育迷的关注和喜爱，其人气甚至超过了许多高水平的职业体育赛事。这种综艺节目不仅丰富了人们的娱乐生活，也进一步推动了体育产业的发展和普及。

互联网时代，流量越多越有商业价值。全民健身是参加者人多的体育活动，大流量就必有商业价值。例如，马拉松类运动以往都是政府举办的公益性赛事，但近些年比较有名气和规模较大的比赛如北京马拉松、上海马拉松、厦门马拉松等，都实现了商业化运作且有不菲的收益。再如，覆盖人群多少是走步跑步类App项目在资本市场融资的重要指标，使用人数多，获得的数据信息就多，商业价值就大。还有智慧运动场馆，通过App可以获得运动者的位置信息，文字、声音、图像信息，关联社交媒体信息等，对运动人口进行细分与画像，探知其更多的偏好与潜在需求等。就连广场舞也受到资本青睐，近几年有多个广场舞App获得融资，投资者看好近亿广场舞参与者与观赏者，要先做这部分中年群体的娱乐生活入口，再跨进交易变现。在数字时代，群众体育运动具有了明显的商业价值，许多企业愿意"免费"提供服务，以获取、积累用户数据并从中获益。

数字技术并非只为体育而生。在赋能体育产业的同时，也推动更多休闲娱乐业态产生，并与体育产业展开激烈竞争。第一是电子竞技和其它网络游戏产业快速发展，据调研，国内16～25岁青年人群平均花费33%的闲暇时间用于电竞和其它网络游戏活动，挤压和替代了大量传统体育活动的时间。第二是各种娱乐活动丰富多彩，消费者能够为传统体育项目付出的时间难以增长甚至被分流。第三是面对国外赛事的激烈竞争，网络空间观赏节目成本很低，消费者无论身处何处都能随心所愿，在世界范围内观看"最高水平"的比赛，国外精彩赛事会分流国内观赏市场。总之，多种娱乐节目和休闲方式正在与体育产业争夺消费者，体育产业想要站稳脚跟并持续发展，必须适应数字时代要求，不断创新。

在制定体育产业发展中长期规划和重要政策文件时，要明确数字技术与体育产业融合发展的长期战略，明确重点领域。要将体育与数字技术融合发展水平作为体育工作开展情况的重要指标。要推动大数据、物联网、移动互联网、云计算等现代信息技术建设与数字体育发展更好融合。各类体育产业、体育企业和体育组织都要重视引入数字人才，对体育产业"入网""上线"做出整体部署，对传统体育设施进行数字化升级改造，对传统体育项目制订数字化拓展方案。

在数字化时代，技术变化快，商业模式创新快，消费者在不同消费热点之间转换快。要稳定已有市场和开拓新市场，必须用好数字技术，并以持续的迭代升级粘住现有消费者，识别潜在消费者，为他们提供丰富多样的参与机会。在这种数字化市场中，政府规划和其它干预很难有效发挥作用，只有当市场主体有足够动力和能力时，持续创新才能做到。因此要进一步推进"放管服"改革，给企业足够的自主权，并创造公平竞争的市场环境。

在技术进步的背景下，新兴体育形态需要与时俱进，与现今及未来的技术和社会主流环境相契合。特别是对于那些在互联网时代成长起来的年轻一代，网络空间早已成为他们工作、生活、娱乐和社交的核心场所。电子竞技、智能体育等新型体育项目与他们的消费观念和需求高度契合，因此受到热烈的追捧。为了满足年轻一代的多元化需求，我们不仅要将传统体育项目巧妙地融入新的数字平台中，还要对各种新型体育运动持开放和包容的态度。通过融合创新，我们可以推动传统体育产业与新兴体育形态共同发展，为消费者创造更多元化、更富有趣味性的体育消费和娱乐场景。

这种跨界的合作与融合不仅有助于体育产业的持续发展，还能为年轻一代提供更加丰富多样的体育体验，满足他们日益增长的多元化需求。数字化时代，体育产业的运作和创新需要大量投资和技术方面的知识，有大量的跨界应用，以应对供给侧和消费侧日益复杂的场景和不断变化和迭代的热点消费。此时的体育产业发展，不仅需要体育专业方面的相应知识和能力，还要有应对数字竞争的相应知识和能力。要加大对数字体育复合型人才培养，鼓励高校和职业技术学校等开展跨学科人才培养，鼓励数字企业与体育机构在人才培养、学术研究、行业咨询等领域开展广泛合作。

数字时代的来临，为体育产业的蓬勃发展注入了新的活力，但也带来了新的治理难题。在数字传播渠道中，明星运动员的商业价值日益凸显，为俱乐部和联盟带来了丰厚的商业利益。然而，这也可能引发利益分配的矛盾，甚至导致他们对非商业性赛事产生消极态度。这种变化与传统的运动员管理体制形成了冲突，也与社会公众对顶级运动员形象的期待产生了分歧。如何在保障各方利益的同时维护运动员的积极形象，成为摆在新挑战。此外，数字时代还带来了新的知识产权保护问题。新媒体转播的广泛应用使得知识产权保护变得尤为重要。同时，数字技术在应用过程中也涉及运动员及消费者的个人隐私保护问题，这同样需要我们给予高度关注。另外，大型数字化平台在产业链条中的控制力逐渐增强，这也给体育产业带来了新的挑战。应对这些挑战，需要政府、企业和社会各界共同努力，协商共治，优化治理模式。政府需要制定和完善相关法律法规，引导体育产业健康发展；企业需要加强自律，尊重知识产权，保护个人隐私，同时积极创新，提升服务质量；社会各界也需要积极参与，共同监督，促进体育产业的健康发展。只有这样，才能充分利用数字时代的机遇，推动我国体育产业的稳定健康发展。

三、体育品牌与文化创意产业联动的影响

丰富了文化创意产业的内涵。体育品牌与文化创意产业的联动，为文化创意产业注入了新的活力和创意元素。体育品牌的设计理念和营销手段，为文化创意产业提供了更多的灵感和启示，推动了文化创意产业的创新和发展。

拓展了体育品牌的市场空间。通过与文化创意产业结合，体育品牌可以拓展更广泛的市场空间和消费群体。文化创意产业的受众群体广泛，包括年轻人、艺术家、设计师等各个领域的人群。通过与文化创意产业合作，体育品牌可以吸引更多潜在消费者，提升品牌知名度和市场份额。

促进了文化交流与传播。体育品牌与文化创意产业的联动，不仅推动了产品和服务的创新与发展，也促进了文化交流和传播。通过跨界合作和主题活动等方式，体育品牌可以将体育文化、时尚元素、艺术风格等传播给更多的人群，增强了文化多样性和包容性。虽然体育品牌与文化创意产业的联动带来了诸多机遇和优势，但也面临着一些挑战。例如，如何保持设计的独特性和创新性、如何平衡商业利益与文化传承的关系等。因此，体育品牌和文化创意产业需要进一步加强合作与交流，共同探索可持续发展的道路。

未来，随着科技的进步和消费者需求的变化，体育品牌与文化创意产业的联动将更加紧密和深入。我们可以期待更多具有创意和设计感的体育产品问世，同时希望这种联动能够推动文化产业和体育产业的共同发展，为人类社会创造更多的价值和美好。体育品牌与文化创意产业的联动是一种互利共赢的合作模式。通过设计创新、营销创新和文化传承等方式，文化创意产业丰富了内涵，体育品牌拓展了市场，这种联动将继续发挥重要作用，为文化产业和体育产业的繁荣发展注入新的动力和活力。

第六章 高校体育经济的国际化发展

第一节 全球化背景下的机遇与挑战

随着全球化的深入发展，世界各国的经济、文化、科技等领域的交流日益频繁，为高校体育经济的发展带来了前所未有的机遇与挑战。在这一背景下，高校体育经济如何抓住机遇、应对挑战，实现国际化发展，成为一个值得深入探讨的课题。

一、全球化背景下的机遇

市场空间的拓展。全球化意味着市场的无界化，高校体育经济可以借此机会拓展国际市场，将体育产品、服务推向全球。例如，通过与国际知名体育赛事的合作，高校可以推广自身的体育品牌，吸引更多的国际关注和支持。

资源的优化配置。全球化使得资源在全球范围内流动和配置成为可能。高校可以利用这一机遇，通过国际合作与交流，引进国外先进的体育技术、管理经验和人才资源，提升自身体育产业的竞争力。

文化的交流与传播。高校体育作为文化的重要组成部分，通过全球化的发展，可以促进不同国家、不同文化之间的交流与传播。这不仅有助于增进国际友谊，还可以推动体育文化的多元化发展。

二、全球化背景下的挑战

国际竞争的加剧。随着全球化的推进，国际竞争日益激烈，高校体育产业需要不断提升自身的竞争力，才能在全球市场中占有一席之地。这要求高校不仅要关注国内市场的竞争，还要关注国际市场的竞争态势，制定相应的应对策略。

文化差异的挑战。不同国家、不同文化之间存在着明显的差异，这对高校体育经济的国际化发展提出了更高的要求。高校如果不能尊重并适应这些文化差异，可能会因为文化冲突而带来的不必要的麻烦和损失。

法律法规的多样性。全球化意味着需要面对不同国家和地区的法律法规。高校体育经济在国际化发展过程中，需要了解和遵守这些法律法规，避免因违反法律而导致的风险和问题。

三、应对挑战的策略

提升竞争力。高校应加强自身的科研实力、师资力量和设施建设，提升体育产业的整体竞争力。同时，高校还应关注国际市场的动态和趋势，及时调整自身的战略和策略，以适应国际市场的变化。

加强国际合作与交流。高校应积极寻求与国际知名高校、体育赛事、体育品牌等的合作与交流机会，共同开展体育科研、人才培养、赛事组织等活动。通过这些合作与交流，高校可以学习国外先进的体育管理经验、市场营销策略等，提升自身的国际化水平。

尊重文化差异。高校在体育经济的国际化发展过程中，应尊重不同国家、不同文化之间的差异，避免因为文化冲突而带来的不必要的麻烦和损失。同时，高校还应积极推广和传播自身的体育文化，增进国际社会对高校体育的了解和认同。

遵守法律法规。高校在体育经济的国际化发展过程中，应了解和遵守不同国家和地区的法律法规，避免因违反法律而导致的风险和问题。同时，高校还应积极参与国际体育组织的活动，了解国际体育规则和标准，为自身的国际化发展提供法律保障。

全球化背景下的高校体育经济发展既面临着前所未有的机遇，也面临着诸多挑战。高校应抓住机遇、应对挑战通过提升竞争力、加强国际合作与交流、尊重文化差异、遵守法律法规等策略，推动高校体育经济的国际化发展。高校还应关注国际市场的动态和趋势，不断调整自身的战略和策略，以适应国际市场的变化，为高校体育事业的可持续发展贡献力量。在未来的发展中，高校体育经济应继续深化国际交流与合作，不断拓展国际市场，提升国际竞争力。同时高校应注重培养具有国际视野和创新能力的体育人才，为高校体育经济的国际化发展提供强有力的人才保障。相信在全球化的推动下，高校体育经济将迎来更加广阔的发展空间和更加美好的未来。

第二节　国际合作与交流的策略

在全球化的今天，国际合作与交流对于增强高校体育产业的国际竞争力显得尤为重要。通过与国外知名高校、国际体育赛事组织及跨国企业等建立稳固的合作关系，高校能够接触顶尖的资源、学习前沿的经验，并进一步拓展其在国际市场上的影响力，从而推动自身体育产业的不断进步和国际地位的提升。

体育的核心价值观，不仅决定了体育形象的内在属性，还为体育形象的塑造和传播提供了方向。这种价值观，在多元文化的交融与冲突、体育的实用主义价值观凸显，以及我国致力于建设体育强国的背景下，显得尤为重要。为了构建符合时代要求的体育核心价值观，我们需要在坚持普遍性与特殊性、集体性与个体性、世界性与民族性相统一的原则下，从国家、社会和个人三个维度出发，确立"以人为本""自然和谐"和"公平竞争"的价值取向。

要使体育的核心价值观真正落地生根，实践是关键。这意味着，我们不仅要更新观念，从顶层设计上确保每个个体的广泛参与和规则的有效执行，还要紧密结合国家体育发展的实际情况，推动政府管理层向协同治理和服务转变，竞技运动与学校体育向"体教结合"和融合发展的方向转变，同时鼓励社会组织向实体化迈进。通过这些举措，我们可以让体育核心价值观在日常实践中更充分地体现，进而促进体育事业的全面发展和国家形象的塑造。

一、与国外知名高校建立合作关系

与国外知名高校建立合作关系是高校体育产业国际化发展的重要途径。通过合作，双方可以共同开展体育科研、人才培养、文化交流等项目，实现资源共享和优势互补。具体而言，可以采取以下措施：

建立定期交流机制。与国外高校建立定期的交流机制，包括互派访问学者、举办学术研讨会、开展合作项目等，以促进双方在体育领域的深入交流与合作。

共同开展科研项目。与国外高校共同申报和开展体育科研项目，通过合作研究，提升双方在体育科研领域的水平和影响力。

人才培养与交流。与国外高校开展学生交流、互派留学生等人才培养活动，培养具有国际视野和创新能力的体育人才，为高校体育产业的国际化发展提供人才保障。

二、参与国际体育赛事的组织与举办

参与国际体育赛事的组织与举办是高校体育产业提升国际影响力的有效手段。通过参与国际赛事，高校可以展示自己的体育实力和文化魅力，吸引国际关注和支持。具体而言，可以采取以下措施：

申办和承办国际赛事。积极申办和承办各类国际体育赛事，如世界大学生运动会、国际田联钻石联赛等，提升高校在国际体育赛事领域的影响力和话语权。

组建高水平运动队。加强高校运动队的建设和管理，提高运动队的竞技水平和国际竞争力，争取在国际赛事中取得优异成绩。

开展赛事交流与合作。与国际体育赛事组织、其他高校等开展赛事交流与合作，共同策划、组织和推广国际体育赛事，提升高校体育赛事的品牌价值和国际影响力。

三、与国际体育组织、跨国企业开展合作

与国际体育组织、跨国企业等开展合作是高校体育产业拓展国际市场、提升自身竞争力的重要途径。通过与这些机构和企业合作，高校可以学习国外先进的体育管理经验、市场营销策略等，推动自身体育产业的国际化发展。具体而言，可以采取以下措施：

与国际体育组织建立合作关系。与国际奥委会、国际足联等国际体育组织建立合作关系，参与其相关项目和活动，了解国际体育规则和标准，提升高校在国际体育舞台上的地位和影响力。

与跨国企业开展合作。与体育用品企业、体育营销公司等跨国企业开展合作，共同开发体育市场、推广体育产品和服务，提升高校体育产业的市场竞争力和国际化水平。

学习借鉴先进经验。通过与国际体育组织、跨国企业的合作与交流，学习借鉴其在体育管理、市场营销、品牌建设等方面的先进经验和实践案例，提升自身体育产业的管理水平和创新能力。

四、加强文化交流与传播

体育产业、体育事业、民族传统体育、体育外交等是构成体育均衡发展的多个领域，这些领域的发展决定着人们对体育形象的整体认识，也影响着国际社会对中国国家形象的认知。体育产业是"朝阳产业"，促进体育产业国际化发展将成为未来塑造国家体育形象的新引擎。体育事业的改革完善，将为提升国家形象奠定坚实基础。为此，一是要优化竞技运动在国内外的影响力，诚信参赛塑造公平形象，积极举办赛事塑造自信形象，科学训练清除"工具理性"形象；二是要树立"健康第一"的指导思想，提升学校体育的健康促进作用，还原学校体育的实体地位；三是要完善社会体育公共服务体系，转变政府职能，强化服务意识，激活社会组织培养服务能力，调动市场力量提升供给能力。民族传统体育要在反思、创新民族传统体育文化的基础上，开展跨文化传播实践。随着全球化的深入，体育国际事务的交流与合作将成为提升国家形象、形成国家认同的重要途径。要抓住时代机遇，从顶层设计、整合资源、实施多轨体育外交等方面塑造与提升国家形象。

增强体育国际话语权，能有效提升中国国际地位，强化中国文化认同，塑造中国国家形象。目前的体育国际话语权由西方国家主导，但在全球化进程中，包括中国在内的非西方国家具有较大的体育话语权提升空间。解决国际体育组织中失语、民族传统体育边缘化等问题，体育水平的提升是基础，还要积极参与国际体育事务，营造体育话语环境；拓宽体育话语传播渠道，增加体育话语平台；发扬民族传统体育文化，拓展体育话语空间；深化体育整体改革，增强体育话语质量。通过这些举措，塑造合作负责、和谐发展、以人为本的国家形象。

例如，北京奥运会等系列体育媒介事件，承载历史记忆，凝聚民族情感，扮演国家仪式的角色,成为塑造和传播国家形象的重要舞台。体育媒介事件对国家形象的建构,体现在赛前的组织策划、赛中的宣传造势和赛后的持续利用之中。利用体育媒介事件提升国家形象,要倡导国际社会普遍认同的价值观,如北京奥运会提出的"绿色奥运""科技奥运""人文奥运";要强化体育媒介事件传播体育、促进人类共同发展的体育精神,弱化地缘政治冲突;要还原体育媒介事件传播的公益性质,避免过度商业开发;要凸显体育媒介事件传播的人文价值,淡化金牌意识;要突出体育媒介事件传播的教育功能,防止竞技运动异化。

体育品牌可以丰富国家形象内涵,提升国家形象的认知度和美誉度。体育赛事品牌有助于国际性都市的建设,活跃国家经济,丰富社会生活,提升国家影响力。大型赛事如奥运会的徽标和吉祥物,是奥运品牌和奥运遗产的一部分,其携带的民族印记成为国家文化的象征,是展示国家形象的窗口。体育明星以其阳光健康的外表和坚韧勇敢的人格魅力成为民族精英的代表,是宣传国家形象的名片。跨国体育用品品牌也能与国家形象积极互动,在跨文化传播语境下,中外体育用品品牌在进行品牌形象塑造时,都会使用"中国元素"传播中国文化。中国体育电影映射不同时期的国家主旋律,成为时代的记忆坐标,风靡一时的功夫片和武侠剧,是极富中国特色的体育电影,其"贵和尚中"的精髓与"和平和谐"的国家形象定位相契合,成为传播国家形象的重要文化符号和文化品牌。

文化交流与传播是高校体育产业国际化发展的重要组成部分。通过加强文化交流与传播,可以促进不同国家、不同文化之间的相互了解和认同,为高校体育产业的国际化发展创造良好环境。具体而言,可以采取以下措施:

举办国际体育文化节等活动。定期举办国际体育文化节、国际体育论坛等活动,邀请国外高校、体育组织、企业等参与,展示各国体育文化特色,增进国际友谊与合作。

加强体育媒体合作与宣传。与国际体育媒体、新闻机构等建立合作关系,加强体育新闻、赛事报道等方面的合作与交流,提升高校体育品牌在国际媒体上的曝光度和影响力。

推动体育旅游发展。结合高校所在地的自然和人文资源,开发体育旅游产品,吸引国际游客前来参观和体验,促进体育与旅游的融合发展。

五、建立国际化人才培养机制

国际化人才是高校体育产业国际化发展的关键。为了培养具有国际视野和创新能力的体育人才，高校需要建立完善的国际化人才培养机制。具体而言，可以采取以下措施：

设立国际化课程体系。在体育教育专业中增加国际化课程，如国际体育规则、国际体育赛事组织与管理等，提升学生的国际化素养和能力。

加强师资队伍建设。引进具有国际背景的优秀教师和学者，提升教师队伍的国际化水平。同时，鼓励教师参与国际学术交流与合作，提升教师的学术水平和国际影响力。

建立实践平台。与国外高校、体育组织、企业等建立实践平台，为学生提供国际实习和交流机会，让学生在实践中学习和掌握国际化知识和技能。

通过与国际知名高校、国际体育赛事组织、跨国企业等建立合作关系，高校可以共享优质资源、学习先进经验、拓展国际市场，从而推动自身体育产业的持续发展和国际竞争力的提升。未来，高校应继续深化国际合作与交流，拓展合作领域和方式，加强文化交流与传播，建立完善的国际化人才培养机制，为高校体育产业的国际化发展注入新的活力和动力。同时，高校还应关注国际市场的动态和趋势，不断调整自身的战略和策略，以适应国际市场的变化和挑战。

第三节 推动国际文化交流与增进友谊

在全球化程度日益加深的今天，高校体育经济国际化发展的作用已不限于提升体育产业的竞争力，其在推动国际文化交流、增进国际友谊方面所发挥的积极作用同样不可忽视。体育，作为人类共同的语言，具有超越国界、文化和语言障碍的特性，成为国际社会交流与合作的桥梁。高校，作为培养未来国际人才的摇篮，其体育经济的国际化发展对于推动国际文化交流、增进国际友谊具有深远的意义。

一、国际体育赛事：展示实力与文化的窗口

高校通过举办或参与国际体育赛事，不仅能够展示自身的体育实力，更能够展示其文化魅力。国际体育赛事不仅是运动员竞技的舞台，更是各国文化交流的盛会。高校通过精心策划和组织国际体育赛事，将本国的体育文化、传统和价值观融入其中，让来自不同国家的运动员和观众在竞技中感受文化的魅力，增进相互之间的理解和尊重。同时，国际体育赛事的举办也为高校提供了与国际社会交流与互动的机会。通过与国外高校、体育组织等的合作，高校可以学习国际先进的体育管理经验、市场营销策略等，推动自身体育经济的国际化发展。这种交流与合作不仅有助于提升高校的国际竞争力，更有助于增进国际友谊，促进国际社会的和谐与发展。

二、文化交流活动：促进理解与沟通的桥梁

除了国际体育赛事，高校还可以通过举办各种文化交流活动来推动国际文化交流与增进国际友谊。这些活动包括国际文化节、艺术展览、音乐会等，让来自不同国家的师生有机会展示自己的文化特色，增进彼此之间的了解和认同。文化交流活动的举办不仅能够促进不同文化之间的对话与交流，更能够打破文化隔阂，增进国际友谊。通过参与这些活动，国际学生、学者等可以更好地了解中国的历史、文化和社会，也能够将本国的文化介绍给更多的人。这种双向的文化交流有助于增进国际间的友谊与信任，为构建人类命运共同体贡献力量。

三、高校体育经济国际化：推动教育与文化领域的交流与合作

高校体育经济的国际化发展不仅可以提升体育产业的竞争力，更可以为国际学生、学者等提供更多的交流与合作机会，推动教育领域的国际交流与合作。随着高校体育经济的国际化程度不断提升，越来越多的国际学生、学者选择到中国的高校学习和研究。他们不仅带来了不同的学术观点和文化，更为中国的高校注入了新的活力和创新力。通过与这些国际学生、学者的交流与合作，中国的高校可以学习国际先进的教育理念和教学方法，提升自身的教育水平和国际竞争力。同时，这些国际学生、学者也可以通过参与中国的体育活动和文化交流活动，更

深入地了解中国的历史、文化和社会，增进对中国的了解和认同。这种双向的交流与合作有助于推动教育领域的国际交流与合作，为培养具有国际视野和创新能力的人才贡献力量。

四、挑战与机遇：高校体育经济国际化发展的未来展望

虽然高校体育经济的国际化发展在推动国际文化交流与增进国际友谊方面发挥了积极作用，但也面临着一些挑战，比如：如何更好地策划和组织国际体育赛事和文化交流活动，吸引更多的国际参与和关注；如何提升高校自身的体育实力和文化魅力，展示出其独特的魅力和价值；如何加强与国际社会在体育经济领域的交流与合作，推动自身体育产业的国际化发展等，都是高校需要思考和解决的问题。

面对这些机遇与挑战，高校应抓住机遇，积极应对挑战。

首先，高校应加强对国际体育赛事和文化交流活动的策划与组织，提升其品质和影响力。

其次，高校应加强自身的体育实力和文化魅力建设，展示其独特的魅力和价值。这包括加强体育设施建设、提高体育教学质量、推动体育文化创新等。

最后，高校应加强与国际社会在体育经济领域的交流与合作，学习借鉴国际先进经验和技术，推动自身体育产业的国际化发展。

高校体育经济的国际化发展在推动国际文化交流与增进国际友谊方面发挥着重要作用。通过举办国际体育赛事和文化交流活动等形式，高校可以加强与国际社会的交流与互动，展示自身的体育实力和文化魅力，促进不同国家、不同文化之间的理解与沟通，增进国际友谊。同时，高校体育经济的国际化发展也可以为国际学生、学者等提供更多的交流与合作机会，推动教育领域的国际交流与合作。面对未来的挑战与机遇，高校应抓住机遇，积极应对挑战，推动高校体育经济的国际化发展迈上新的台阶。在未来的发展中，高校应继续深化与国际社会在体育经济领域的交流与合作，拓展合作领域和方式。同时，高校也应关注国际市场的动态和趋势，不断调整自身的战略和策略，以适应国际市场的变化和挑战。

第四节　高校体育经济的商业模式创新

一、新时代高校体育经济的商业模式变革

随着新时代的到来，高校体育经济面临着前所未有的发展机遇与挑战。传统的商业模式已经难以满足日益多元化的市场需求，因此，商业模式变革成为高校体育经济发展的必然趋势。在这一变革中，高校需要摒弃过去单一、僵化的经营方式，转而寻求更加灵活、多元、创新的发展路径。

首先，高校应充分利用自身的品牌优势和资源优势，打造特色化的体育产品和服务。例如，结合学校的学科特色和地域文化，开发具有独特魅力的体育项目和赛事，吸引社会更多的关注和参与。同时，高校还可以通过与企业的合作，共同开发体育市场，实现资源共享和互利共赢。

其次，高校应积极探索新的盈利模式。传统的门票收入、赞助费用等已经难以满足高校体育经济的发展需求。因此，高校需要创新盈利模式，如开发体育衍生品、举办体育培训、开展体育旅游等，拓宽收入来源，增强自身的经济实力。

最后，高校应注重提高服务质量和管理水平。在新的商业模式下，高校需要更加注重客户需求和市场变化，提供更加个性化、专业化的服务。同时，高校还应加强内部管理，提高运营效率和服务质量，为体育经济的可持续发展提供有力保障。

二、科技与高校体育经济的融合发展

科技的发展为高校体育经济带来了无限的可能性。通过运用先进的技术手段，高校可以进一步提升体育活动的吸引力和参与度，推动体育经济的创新发展。

首先，高校可以利用大数据、人工智能等技术手段，对体育活动进行更加精准的分析和预测。通过对参与者的行为数据、兴趣爱好等进行分析，高校可以

更加准确地了解市场需求和消费者偏好，从而提供更加符合需求的体育产品和服务。

其次，高校可以运用虚拟现实、增强现实等技术手段，打造更加逼真的体育体验场景。这些技术手段可以让参与者身临其境地感受体育运动的魅力，提高参与度和满意度。同时，这些技术手段还可以为体育比赛提供更加丰富多样的观赏方式，吸引更多观众关注和参与。

最后，高校还可以借助互联网技术，实现体育活动的线上化、智能化。例如，通过开发线上体育平台、推广智能健身器材等，高校可以让更多的人参与体育活动，推动体育经济的发展。

三、体育旅游与高校资源的结合策略

体育旅游作为一种新兴的旅游方式，正逐渐受到越来越多人的青睐。高校作为拥有丰富体育资源和文化底蕴的场所，与体育旅游的结合具有得天独厚的优势。

首先，高校可以利用自身的场馆设施、教练团队等资源，开展体育旅游项目。例如，建设体育主题公园、举办特色体育赛事等，吸引游客前来参观和参与。同时，高校还可以提供相关的体育培训和指导服务，让游客在参与体育活动的过程中获得更加专业的指导和帮助。

其次，高校可以与旅游企业合作，共同开发体育旅游市场。通过整合双方的资源和优势，共同推出更具吸引力的体育旅游产品，满足游客的多样化需求。同时，高校还可以通过与旅游企业的合作，拓宽自身的收入来源和营销渠道，实现互利共赢。

最后，高校应注重提升体育旅游的品质和文化内涵。在体育旅游产品的设计和开发过程中，高校应充分考虑游客的文化背景和审美需求，打造具有独特魅力的体育旅游产品。同时，高校还应加强对体育旅游从业人员的培训和管理，提高他们的服务质量和专业素养，为游客提供更加优质、专业的服务。

四、高校体育产业的多元化发展路径

随着体育产业的快速发展，高校体育经济也面临着多元化发展的需求。通过

拓展新的业务领域和拓展新的市场，高校可以进一步提升自身的综合实力和市场竞争力。

首先，高校可以积极发展体育用品和衍生品产业。利用自身的品牌优势和创意能力，开发具有独特设计和高品质的体育用品和衍生品，满足消费者的个性化需求。同时，高校还可以通过与知名体育品牌的合作，共同推出更具市场竞争力的产品，提高品牌知名度和市场占有率。

其次，高校可以探索发展体育教育和培训产业。结合自身的学科优势和教练团队资源，开设专业的体育教育和培训课程，培养更多具有专业技能和素养的体育人才。同时，高校还可以与社会机构和企业合作，共同推广体育教育和培训项目，提高全社会的体育素养和健康水平。

最后，高校还可以拓展体育文化和传媒产业。通过举办体育赛事、开展体育文化交流等活动，高校可以进一步弘扬体育精神和文化，提高社会影响力和文化软实力。同时，高校还可以利用自身的传媒资源和优势，制作并播出体育节目，为体育产业的发展提供有力支持。

综上所述，高校体育经济的商业模式创新是一个复杂而又必要的过程。通过变革商业模式、融合科技、结合体育旅游以及拓展多元化发展路径，高校可以进一步提升体育经济的综合实力和市场竞争力，为推动体育产业的可持续发展做出积极贡献。

第五节　高校体育经济的人才培养与团队建设

一、国际化背景下的体育经济管理人才培养

在全球化的大背景下，高校体育经济的人才培养必须与国际接轨，培养具有国际视野和跨文化沟通能力的体育经济管理人才。高校不仅要在课程设置、教学方法上进行改革，还要加强与国际知名体育经济管理机构的合作与交流。

首先，高校应调整课程设置，增加与国际体育经济接轨的相关课程。这包括

国际体育市场营销、跨国体育项目管理、国际体育法律法规等。通过学习这些课程，学生可以深入了解国际体育经济的发展趋势和规则，为将来从事体育经济工作打下坚实的基础。

其次，高校应加强实践教学环节，提高学生的实际操作能力。这可以通过与企业合作，建立实习基地，让学生参与真实的体育经济项目，了解项目运作的全过程，提高其解决实际问题的能力。

再次，高校还应积极开展国际合作与交流，为学生提供更多的国际视野和跨文化沟通的机会。这可以通过与国外知名高校建立合作关系，开展学生交换、短期访学、联合培养等项目，让学生亲身体验不同文化背景下的体育经济发展模式，培养其跨文化沟通和合作的能力。

最后，高校还应注重培养学生的创新意识和创业精神。在体育经济领域，创新和创业是推动行业发展的重要动力。因此，高校应通过开设创新创业课程、举办创新创业大赛等方式，激发学生的创新思维和创业热情，培养其成为具有创新精神和创业能力的体育经济管理人才。

二、高校体育团队的专业化与国际化建设

高校体育团队的专业化和国际化建设是提升高校体育经济水平的关键。只有拥有专业化的团队和国际化的人才，才能在激烈的市场竞争中立于不败之地。

首先，高校应注重体育团队的专业化建设。这包括提高教练员的专业素养和执教能力，加强运动员的技能训练和体能储备，以及完善团队的管理和运营机制。通过专业化的训练和管理，可以提高团队的整体水平和竞争力，为取得优异成绩奠定基础。

其次，高校应积极推动体育团队的国际化建设。这可以通过引进外籍教练和优秀运动员，加强与国际知名体育团队的合作与交流，以及参加国际赛事和交流活动等方式实现。通过国际化建设，高校可以吸收国际先进的体育理念和技术，提高团队的国际竞争力，也有助于提升学校的国际知名度和影响力。

再次，高校还应注重培养国际化的人才。在体育团队中，不仅需要拥有高水平的运动员和教练员，还需要具备跨文化沟通和国际合作能力的管理和运营人才。因此，高校应通过国际化的人才培养模式，为体育团队输送具备国际视野和

跨文化沟通能力的人才，推动团队的国际化发展。

最后，高校应建立完善的激励机制和评价体系，激发团队成员的积极性和创造力。通过设立奖学金、提供职业发展机会等方式，激励团队成员不断提升自己的专业素养和国际竞争力；同时，通过建立科学的评价体系，对团队成员的表现进行客观评价和指导，促进团队的整体发展和进步。

三、跨国合作与交流中的团队建设与管理

在全球化背景下，跨国合作与交流已成为高校体育团队发展的重要途径。通过与国际知名体育团队的合作与交流，高校可以引进先进的体育理念和技术，提高团队的国际竞争力。然而，跨国合作与交流也面临着诸多挑战，如文化差异、语言障碍、管理模式不同等。因此，加强团队建设与管理显得尤为重要。

首先，高校应建立跨文化沟通机制，促进团队成员之间的有效沟通。在跨国合作与交流中，文化差异和语言障碍是常见的障碍。因此，高校应通过开展文化交流活动、提供语言培训等方式，帮助团队成员了解并适应不同文化背景下的沟通方式和工作习惯，提高沟通效率。

其次，高校应建立灵活的管理机制，适应跨国合作与交流的需求。在跨国合作中，不同国家和地区的管理模式可能存在差异。因此，高校应根据实际情况调整管理模式和运作方式，确保团队的正常运转和高效合作。同时，高校还应关注团队成员的个人发展需求，提供必要的支持和帮助。此外，高校还应加强团队建设，提高团队凝聚力和执行力。在跨国合作与交流中，团队成员需要共同面对诸多挑战和困难。因此，高校应通过开展团队建设活动、加强团队文化建设等方式，提高团队成员之间的凝聚力和信任度，确保团队能够保持高昂的斗志和高效的执行力。

最后，高校应建立完善的评估与反馈机制，对跨国合作与交流的效果进行客观评价和指导。通过定期评估项目的进展情况和团队成员的表现，可以发现存在的问题和不足，并及时进行调整和改进。同时，通过收集反馈意见和建议，可以为未来的跨国合作与交流提供参考和借鉴。

四、提升高校体育经济团队的国际竞争力

提升高校体育经济团队的国际竞争力是高校体育经济发展的重要目标。为实现这一目标，高校需要采取一系列措施来提高团队的综合素质和国际化水平。

首先，高校应加强培养和引进国际化人才。通过优化人才结构、提高人才素质、完善人才激励机制等方式，吸引更多具有国际视野和跨文化沟通能力的人才加入高校体育经济团队。同时，高校还应加强与国际知名体育经济机构的合作与交流，为团队成员提供更多的国际培训和学习机会。

其次，高校应注重提高团队的创新能力和创业精神。在体育经济领域，创新和创业是推动行业发展的重要动力。因此，高校应鼓励团队成员积极参与科研项目、创新创业活动等，提高其创新能力和创业精神。

第七章 高校体育经济的可持续发展

第一节 高校体育经济与环境的互动关系

随着全球经济的不断发展，体育经济作为一种新兴的产业形态，正在全球范围内迅速崛起。高校作为人才培养、科学研究和社会服务的重要基地，也积极参与体育经济的发展。然而，高校体育经济的发展并非孤立存在，它与环境之间有着密切的互动关系。本文将深入探讨高校体育经济与环境的互动关系，分析体育经济发展过程中可能面临的环境问题，并提出高校体育经济实现绿色、低碳、循环发展的策略。

一、高校体育经济与环境的影响关系

（一）体育设施建设的环境影响

高校体育设施的建设是推动体育经济发展的重要基础。然而，在体育设施的建设过程中，往往伴随着土地资源的占用、能源的消耗以及废弃物的产生。例如，体育场馆的建设需要大量的土地资源和建筑材料，而这些材料的生产和运输过程中会排放大量的二氧化碳。此外，处理不当建设过程中的废弃物也可能对环境造成污染。

（二）赛事举办的环境影响

高校举办的体育赛事是吸引公众关注、推动体育经济发展的重要手段。然而，赛事的举办也会对环境产生一定的影响。例如，大型体育赛事的举办需要消耗大量的能源，如电力、水资源等。同时，赛事举办过程中产生的废弃物，如饮料瓶、一次性餐具等也可能对环境造成污染。

（三）日常运营的环境影响

高校体育设施的日常运营也会对环境产生一定的影响。例如，体育场馆的照明、通风、空调等设备的运行需要消耗大量的能源。此外，体育场馆的清洁和维护过程中也可能产生废弃物和污染物。

二、高校体育经济面临的环境问题

（一）能源消耗与碳排放

高校体育经济的发展离不开能源的消耗。然而，传统的能源使用方式往往伴随着大量的碳排放，加剧了全球气候变暖的压力。如何在保证体育设施正常运行的前提下降低能源消耗和碳排放，是高校体育经济发展过程中亟待解决的问题。

（二）废弃物处理与环境污染

体育赛事和体育设施的日常运营都会产生大量的废弃物。这些废弃物如果处理不当，很可能对环境造成污染。因此，如何建立有效的废弃物处理机制，减少废弃物对环境的影响，也是高校体育经济发展过程中需要关注的问题。

（三）土地资源利用与生态保护

体育设施的建设往往需要占用一定的土地资源。然而，土地资源是有限的，如何在满足体育设施建设需求的同时保护生态环境，避免过度开发导致的生态破坏，是高校体育经济发展过程中必须考虑的问题。

三、实现高校体育经济绿色、低碳、循环发展的策略

（一）推广绿色建筑与节能技术

在高校体育设施的建设过程中，应积极推广绿色建筑和节能技术。通过采用节能材料、优化建筑设计、提高能源利用效率等方式，降低体育设施建设过程中的能源消耗和碳排放。同时，可以通过利用太阳能、风能等可再生能源，进一步减少对传统能源的依赖。

（二）实施废弃物分类与资源回收

针对体育赛事和体育设施日常运营产生的废弃物问题，高校应建立完善的废弃物分类与资源回收机制。通过分类处理废弃物，将可回收物进行资源化利用，减少废弃物对环境的影响。同时，可以通过宣传教育等方式提高公众的环保意

识，促进废弃物的减量化和资源化。

（三）优化土地资源利用与生态保护

在建设体育设施的过程中，高校应充分考虑土地资源的合理利用与生态保护。通过合理规划体育设施的建设布局，避免过度开发导致的生态破坏。同时，还可以通过生态修复等措施弥补因体育设施建设造成的生态损失，实现土地资源的可持续利用。

（四）加强环境监管与执法力度

为了确保高校体育经济与环境的和谐共生，政府和社会各界应加强对体育经济活动的环境监管和执法力度。通过建立完善的环境监管体系，严厉打击体育经济活动中的环境违法行为，确保各项环保措施得到有效执行。

高校体育经济的发展与环境之间有着密切的互动关系。在体育经济的发展过程中，高校必须充分认识到环境因素的重要性，并采取相应措施确保体育经济与环境的和谐共生。通过推广绿色建筑与节能技术、实施废弃物分类与资源回收、优化土地资源利用与生态保护，以及加强环境监管与执法力度等措施，我们可以推动高校体育经济的绿色、低碳、循环发展，实现体育产业与生态环境的和谐共生。这不仅有助于推动高校体育经济的可持续发展，也为社会的可持续发展和公众健康水平的提升做出积极贡献。

第二节　资源的合理利用与保护在高校体育经济发展中的重要性

随着高校体育经济的蓬勃发展，资源的消耗与利用问题逐渐凸显。体育设施的建设、体育赛事的举办以及日常运营，都需要大量的资源投入。然而，资源的有限性使得高校在追求体育经济发展的同时，必须高度重视资源的合理利用与保护。本节将深入探讨资源的合理利用与保护在高校体育经济发展中的重要性，并提出相应的策略和建议。

一、资源在高校体育经济发展中的作用

（一）体育设施的建设

高校体育设施的建设是体育经济发展的重要基础。这些设施的建设需要大量的土地、建材、设备等资源，土地资源的合理利用、建材的选择与采购、设备的配置与维护，直接关系体育设施的质量和效益。

（二）体育赛事的举办

体育赛事的举办是高校体育经济发展的重要组成部分。从赛事策划、场地布置、器材准备到赛事运营，每一个环节都需要资源的支持。如何高效、合理地利用这些资源，确保赛事顺利进行，是高校体育经济发展面临的重要问题。

（三）体育设施的日常运营与维护

体育设施的日常运营与维护同样离不开资源的支持。这包括水、电、气等能源的消耗，清洁、维修等物资的采购与使用。如何降低运营成本、提高运营效率，是高校体育经济发展中需要解决的重要问题。

二、高校体育经济发展中资源的合理利用与保护策略

（一）提高资源利用效率

高校在体育经济发展过程中，应注重提高资源的利用效率。通过优化设施设计、改进运营管理、推广智能化技术等方式，减少不必要的资源浪费。例如，在体育设施建设中采用节能材料和技术，降低能源消耗；在赛事举办中合理安排场地和器材使用，减少浪费；在日常运营中建立有效的能源管理和维护机制，提高设施的使用效率。

（二）推广可再生能源和清洁能源

高校应积极推广、使用可再生能源和清洁能源，降低对传统能源的依赖。例如，在建设体育设施时考虑使用太阳能、风能等可再生能源供电；在举办赛事时优先使用环保型器材和物料；在体育设施的日常运营中推广节能设备和技术，减少碳排放。

（三）实施资源循环利用

高校应建立资源循环利用机制，将废弃的器材、物料等进行回收和再利用。

这不仅可以减少资源的浪费，还可以降低环境污染。例如，在体育设施建设中采用可回收材料；在赛事举办中实施废弃物分类和回收措施；在日常运营中建立资源回收体系，对废弃的器材和物料进行统一处理。

（四）加强资源管理和监管

高校应建立完善的资源管理和监管体系，确保合理利用和保护资源。这包括制订资源使用计划和预算、建立资源使用记录和统计制度、加强对资源使用的监督和考核等。通过科学的管理和监管，确保资源的合理配置和高效利用。

三、高校体育经济发展中资源合理利用与保护的意义

资源的合理利用与保护是高校体育经济可持续发展的重要保障。通过提高资源利用效率、推广可再生能源等方式，可以减少对环境的破坏和资源的浪费，为高校体育经济的长期发展奠定基础。

资源的合理利用与保护可以有效降低高校体育经济的运营成本。通过优化设施设计、改进运营管理等方式，可以减少不必要的资源浪费和损耗，提高设施的使用效率和寿命，从而降低维护和更换成本。

高校作为社会的重要组成部分，其体育经济的发展不仅关系自身的利益，也影响着社会的发展和进步。通过合理利用与保护资源，高校可以为社会树立榜样，推动整个社会对资源的重视和节约使用，提高社会效益。

资源的合理利用与保护在高校体育经济发展中具有重要的地位和作用。高校应充分认识到资源的有限性和重要性，通过提高资源利用效率、推广可再生能源、实施资源循环利用、加强资源管理和监管等方式，确保合理利用和保护资源。

第三节　绿色、低碳、循环发展路径

高校体育经济作为现代教育体系的重要组成部分，其发展不仅关乎学生的身心健康，更与整个社会的体育文化和经济紧密相连。然而，随着体育经济的蓬勃

发展，其带来的环境问题也日益凸显。为实现高校体育经济的可持续发展，必须探索绿色、低碳、循环的发展路径，这不仅是环境保护的需要，更是对高校体育经济长远发展的战略布局。

一、绿色、低碳、循环发展路径的内涵

绿色、低碳、循环发展路径是指在高校体育经济的发展过程中，坚持绿色发展理念，以低碳排放为目标，通过循环利用资源，实现经济效益和环境效益的双赢。这包括采用环保材料和节能技术建设体育设施，推广电子票务和在线活动减少纸张使用，以及实施废弃物分类和回收利用等。

二、绿色、低碳、循环发展路径在高校体育经济中的应用

（一）采用环保材料和节能技术建设体育设施

在高校体育设施的建设过程中，应优先选择环保材料和节能技术。例如，使用可再生材料、低挥发性有机化合物（VOC）涂料等环保材料，以及太阳能、风能等可再生能源供电技术。这不仅有助于减少环境污染，还能降低设施的运行成本，提高使用效率。

（二）推广电子票务和在线活动，减少使用纸张

高校体育赛事和活动的票务管理应逐步转向电子化，推广电子票务系统，减少纸质票据的使用。同时，通过在线平台举办虚拟赛事和活动，降低实体活动对场地和资源的消耗。这不仅能减少纸张的使用和废弃物的产生，还能扩大活动的参与范围，提高活动的互动性和趣味性。

（三）实施废弃物分类和回收利用

在高校体育活动中，应建立完善的废弃物分类和回收体系。通过设立分类垃圾桶、建立回收站等方式，引导师生将废弃物进行分类投放。同时，与专业的回收机构合作，对可回收物进行统一处理和再利用。这不仅能减少废弃物的排放和环境污染，还能实现资源的循环利用，提高资源的利用效率。

三、绿色、低碳、循环发展路径在高校体育经济中的意义

（一）促进环境保护和可持续发展

绿色、低碳、循环发展路径的实施，有助于减少高校体育经济对环境的影响，促进环境保护和可持续发展。通过采用环保材料和节能技术、推广电子票务和在线活动、实施废弃物分类和回收利用等措施，可以有效降低碳排放和资源消耗，减少环境污染和废弃物排放。

（二）提高体育经济的效率和效益

绿色、低碳、循环发展路径不仅有助于环境保护，还能提高体育经济的效率和效益。通过优化设施设计、改进运营管理、推广智能化技术等方式，可以提高体育设施的使用效率和运行效率，降低运营成本。同时，通过电子票务和在线活动的推广，可以扩大活动的参与范围和影响力，提高活动的经济效益和社会效益。

（三）推动高校体育经济的创新发展

绿色、低碳、循环发展路径的实施，需要高校体育经济不断创新和探索。通过引入新技术、新模式、新理念等方式，推动高校体育经济的创新发展。这不仅可以提升高校体育经济的竞争力和影响力，还能为整个社会的体育文化和经济发展提供新的思路和方向。

绿色、低碳、循环发展路径是高校体育经济实现可持续发展的必然选择。通过采用环保材料和节能技术建设体育设施、推广电子票务和在线活动减少纸张使用、实施废弃物分类和回收利用等措施，可以有效降低环境污染和资源消耗，提高体育经济的效率和效益。这不仅有助于推动高校体育经济的创新发展，更为整个社会的环境保护和可持续发展做出了积极贡献。因此，高校应积极探索和实践绿色、低碳、循环的发展路径，为高校体育经济的可持续发展注入新的活力和动力。

第四节 推动体育产业与生态环境的和谐共生

随着全球环境问题日益严峻,生态环境保护和可持续发展已成为全球关注的焦点。在这样的背景下,高校体育经济的发展同样不能忽视对生态环境的保护和影响。高校作为培养未来社会建设者和接班人的重要场所,其体育经济的发展不仅要满足师生的体育需求,还要成为推动体育产业与生态环境和谐共生的力量。本节将从加强环保意识宣传和教育、推广绿色体育活动和赛事、加强与环保组织的合作等方面,探讨高校如何推动体育产业与生态环境的和谐共生。

一、加强环保意识的宣传和教育

(一)环保意识的重要性

环保意识是人们对环境保护的认知和态度,是推动体育产业与生态环境和谐共生的关键。高校作为教育的重要阵地,肩负着培养具有环保意识和社会责任感的未来公民的使命。因此,加强环保意识的宣传和教育是高校推动体育产业与生态环境和谐共生的首要任务。

(二)环保意识的宣传和教育策略

高校应将环保教育纳入体育课程和通识教育课程,通过课堂教学和实践活动,培养学生的环保意识和责任感。

高校可以组织各种形式的环保主题活动,如环保知识竞赛、环保志愿服务等,提高师生对环保的认识和参与度。

高校应通过校园文化建设,营造浓厚的环保氛围,让师生在潜移默化中养成环保的习惯。

二、推广绿色体育活动和赛事

(一)绿色体育活动和赛事的意义

绿色体育活动和赛事是指在体育活动和赛事的策划、组织、实施等全过程中，注重环境保护和可持续发展，减少对环境的负面影响。推广绿色体育活动和赛事是高校推动体育产业与生态环境和谐共生的重要途径。

（二）推广绿色体育活动和赛事的策略

高校在举办体育活动和赛事时，应优先选择符合环保要求的场地和设施，减少对环境的破坏和污染。

高校在策划体育活动和赛事时，应注重活动的环保性和可持续性，避免过度消费和浪费。

高校在赛事管理过程中，应加强对环保要求的监管和执行，确保赛事活动的环保标准得到有效落实。

三、加强与环保组织的合作

（一）合作的重要性

环保组织在环保事业中发挥着重要作用，他们拥有专业的环保知识和技术，可以为高校提供有力的支持和帮助。高校加强与环保组织的合作，可以共同推动体育产业与生态环境的和谐共生。

（二）合作的具体措施

建立合作关系。高校可以与当地的环保组织建立长期稳定的合作关系，共同开展环保项目和活动。

资源共享。高校可以与环保组织共享资源和技术，共同推动环保事业的发展。

人才培养。高校可以为环保组织提供人才培养和技术支持，帮助环保组织提高环保能力和水平。

四、高校推动体育产业与生态环境和谐共生的挑战与对策

高校在推动体育产业与生态环境和谐共生的过程中，面临着诸多挑战。其中，资金短缺、技术瓶颈、环保意识不足等问题是制约高校推动体育产业绿色发展的主要因素。对此，高校可采取以下对策。

争取政府和社会支持。高校可以积极争取政府和社会各界的支持和资助，用于推动体育产业绿色发展项目的实施。

加强技术研发和引进。高校可以加强与科研机构、企业的合作，共同研发和

推广环保技术和产品,提高体育产业的绿色化水平。

持续加强环保意识教育。 高校应持续加强环保意识教育和宣传,提高师生对环保的认识和参与度,为体育产业绿色发展营造良好的社会氛围。

高校体育经济的发展不应以牺牲生态环境为代价,而应成为推动体育产业与生态环境和谐共生的力量。通过加强环保意识的宣传和教育、推广绿色体育活动和赛事、加强与环保组织的合作等措施,高校可以为体育产业树立可持续发展的典范。然而,在实现这一目标的过程中,高校仍需面临诸多挑战。因此,高校需要不断创新思路和方法,积极寻求政府和社会各界的支持和帮助,各方共同推动体育产业发展。

第五节 高校体育经济在推动社会可持续发展中的作用

随着全球对可持续发展的日益关注,体育产业作为绿色、健康的产业,正逐渐成为推动社会可持续发展的重要力量。高校体育经济作为体育产业的重要组成部分,不仅关乎学校的经济利益和形象,更在推动社会可持续发展方面发挥着重要作用。本节将从引导公众形成健康生活方式、促进相关产业链发展、创造就业机会和经济效益等方面,深入探讨高校体育经济在推动社会可持续发展中的重要作用。

一、高校体育经济引导公众形成健康生活方式

(一)健康生活方式的重要性

健康生活方式对于个人和社会都具有重要意义。它不仅能提高个人的生活质量和幸福感,还能降低医疗成本,减轻社会负担。高校作为培养未来社会建设者和接班人的重要场所,有责任引导师生及公众养成健康的生活方式。

(二)高校体育经济在引导健康生活方式中的作用

举办健康向上的体育活动和赛事。 高校可以通过举办各类健康向上的体育活动和赛事,如校园马拉松、篮球联赛等,吸引师生和公众积极参与,从而引导他

们养成健康的生活方式。

普及健康知识和理念。高校可以在体育活动中融入健康知识和理念，如科学健身、合理饮食等，提高师生和公众的健康素养。

营造健康校园文化氛围。高校可以通过营造健康校园文化氛围，如设立健康步道、建设体育设施等，为师生和公众提供健康的生活环境。

二、高校体育经济促进相关产业链发展

（一）相关产业链的概念及重要性

相关产业链是指与某一产业紧密相连的一系列产业链条。在体育产业中，相关产业链包括体育用品制造、体育场馆建设、体育旅游等多个领域。这些产业链的发展不仅能推动体育产业的繁荣，还能为社会创造更多的就业机会和经济效益。

（二）高校体育经济在促进相关产业链发展中的作用

带动体育用品消费。高校师生和公众在参与体育活动时，需要购买相应的体育用品和装备，这将直接带动体育用品的消费，促进体育用品制造产业的发展。

推动体育场馆建设。为了满足体育活动和赛事的需求，高校需要建设和完善体育场馆设施，这将推动体育场馆建设产业的发展，为相关产业链提供新的增长点。

促进体育旅游产业发展。高校举办的体育活动和赛事往往能吸引大量的观众和游客前来观看和参与，这将促进体育旅游产业的发展，为当地经济注入新的活力。

三、高校体育经济创造就业机会和经济效益

（一）创造就业机会

高校体育经济的发展将带动相关产业链的发展，从而为社会创造更多的就业机会。例如，体育用品制造产业将需要更多的工人和技术人员；体育场馆建设产业将需要建筑师、工程师等专业人才；体育旅游产业将需要导游、酒店服务人员等。这些就业机会的创造将有助于缓解就业压力，促进社会稳定。

（二）提升经济效益

高校体育经济的发展不仅能创造就业机会，还能直接和间接地推动经济

增长。

首先，高校举办的体育活动和赛事将吸引大量的观众和游客前来观看和参与，为当地带来直接的经济收入。

其次，体育产业的发展将带动相关产业的发展，从而创造更多的经济价值。

最后，高校体育经济的发展还将提高学校的知名度和影响力，吸引更多的社会资源和投资，进一步推动经济增长。

四、高校应充分认识并推动体育经济的健康发展

（一）充分认识体育经济的重要性

高校应充分认识到体育经济在推动社会可持续发展中的重要作用。体育经济不仅关乎学校的经济利益和形象，更在引导公众形成健康生活方式、促进相关产业链发展、创造就业机会和经济效益等方面发挥着重要作用。因此，高校应加强对体育经济的重视和支持。

（二）积极推动体育经济的健康发展

为推动体育经济的健康发展，高校可以采取以下措施：

首先，加强体育设施建设和管理，为师生和公众提供优质的体育服务。

其次，丰富体育活动和赛事的种类和形式，吸引更多的参与者。

再次，加强与相关产业的合作和联动，共同推动体育产业的发展。

最后，加强体育经济的理论研究和实践探索，为体育经济的健康发展提供有力支撑。

综上所述，高校体育经济在推动社会可持续发展中发挥着重要作用。通过举办健康向上的体育活动和赛事，高校可以引导公众养成健康的生活方式；通过促进相关产业链的发展，高校可以为社会创造更多的就业机会和经济效益。因此，高校应充分认识到体育经济在可持续发展中的重要作用，并积极推动其健康发展。同时，政府和社会各界也应加强对高校体育经济的支持和关注，共同推动体育产业和社会可持续发展的深度融合。在未来的发展中，高校体育经济将继续发挥其独特的优势和作用，为社会的可持续发展注入新的活力和动力。我们期待看到更多高校在体育经济领域取得突破和创新，为构建更加健康、绿色、和谐的社会作出更大的贡献。

第八章 结论

第一节 总结和建议

一、改进高校体育经济模型的建议

高校体育经济发展的构建是一项长期的、持久的、系统性工程，这需要高校教育场域中的各种体育参与者有意识的、有计划地进行长期构建实践、经验总结与推广。因此，依据高校体育经济发展自身存在的问题及其运行规律，确定构建高校体育经济发展有效、规范化的程序是十分必要的。高校体育经济发展发挥作用的途径，可以从高校体育文化力评估—定位—培育—完善与创新四个环节来构建。具体实施如下：

1. 高校体育经济发展评估——途径构建的基础

构建高校体育文化力，首先需要把握高校体育经济发展现状，这就需要对高校体育文化力现状进行评估。

高校体育文化力现状评估可以从高校体育物质文化力、行为文化力、规范文化力和精神文化力四个层面进行。具体而言，高校需要通过问卷调查、深入访谈等方式对专家、行政管理人员、教师、学生等施力主体及其行为表现进行深入调查，分析和评价高校体育经济发展现状。调查内容主要包括：高校所处地区的社会经济发展水平和特点，以及人文环境发展水平；高校体育工作的优良传统、工作经验以及现有问题；高校的体育教学、体育锻炼、体育训练、体育竞赛、体育娱乐休闲等各个层面的高校体育文化发展现状；学校现有的体育指导思想与核心价值观；高校各级领导部门（校级、院级、系级）对于高校体育的认知状况；高校师生对于体育的认知、态度、参与状况等，以期为高校体育文化力发挥作用打好坚实的基础。

2. 高校体育文化力的定位——途径构建的目标与标准

高校体育文化力的定位，是指在考察和分析高校体育文化力现状（优势及不足）的基础上，结合高校自身的内外部条件，明确本校现有的体育核心价值观、体育精神、体育规章制度、体育行为规范，建立适合本校的高校体育经济发展理念体系的过程。对于高校而言，高校体育经济发展的定位，主要内容包括：高校体育工作的战略目标确定；高校体育精神和高校传承的体育传统目标定位；高校体育管理规范与制度的制定；高校体育教学、体育锻炼、体育训练、体育竞赛、体育休闲娱乐等活动的指导思想树立。通过高校体育文化力的定位：一方面，明确高校自身的体育文化力水平；另一方面准确把握在同类、同级高校中所处的位置与水平，即达到自我定位与集群定位的双重效果。避免自我评价过高阻碍了高校体育文化力的发展和作用发挥。

3. 高校体育经济发展的培育——途径构建的实施过程

在高校体育文化力的定位中，初步建立高校体育文化力的理念体系。在此基础上，需要将这一理念体系落实到高校体育文化实践中，培育高校体育文化力。这就迫切要求采用行之有效的体育文化力培养方法，使得高校体育文化力具体体现在高校师生的教育、学习和其他相关体育文化活动中，增强高校师生对于高校体育经济发展的认同，进而脚踏实地地发挥高校体育经济的作用。依据高校体育经济发展机制中资本构成要素和现有高校体育经济发展的表现形式，可以从以下四个层次展开对高校体育经济发展的培育：

（1）增加经济资本的投入，提高高校体育物质文化。无论从学校层面还是学生层面来看，我国高校的经济资本的投入总量都是不足的。但是，学生对于体育方面的经济资本投入过低，既和学生自身的体育习惯有关，也是学校经济资本投入不足的结果。绝大部分高校大学生的经济来源是家庭，学生在学习期间的学费、日常消费等资金往往来源于上一辈的支撑。大多数学生在经济上没有过大的压力，并且正处于青年时期，消费需求旺盛。因此，在我国，学生是消费的主力军之一。在调查中，当被询问"为什么在体育活动中投入小"时，被调查者 E 说："我对体育还是很有热情的，从小就经常运动。以前大一时经常参加体育活动。但是，到了大二以后，课程比较多，时间没有以前充裕了，偶尔想去打打羽毛球，却发现体育馆没有场地，人满为患。去了好几次都这样，后来就不去了，也很少参加锻炼了。"而另一名受访者 F 则说："我虽然比较懒惰，但是还是偶尔参加体育运动的。在消费方面，我主要买一些运动衣服和运动鞋。其他的体育消费很少，不是不想买，而是买了以后用处不大。比如，我想学网球，但是学校场地太少，绝大多数时候都被上课的班级占用，所就放弃了。"由此可见，高校体育设施不足的客观状况限制了高校学生对于体育运动的参与度，进而逐渐改变了学生的体育习惯，弱化了学生体育经济资本投入的动力，导致学生参与体育活动积极性下降。因此，在高校体育场域中，对于经济资本的投入，应该以学校增强经济资本投入为主，引导学生进行经济资本投入为辅。具体而言，包括以下做法：

学校增加体育经费的投入，重视体育基础设施建设，体育建筑、体育场地和体育基础设施的投入，能够为高校提供一个良好的体育物质环境。而良好的体育物质环境是高校体育经济发展培育的基础。没有这一基础，高校体育文化力就成为无源之水、无本之木。因此，高校体育基础设施建设，既要满足专业体育教学与体育训练的要求，又要满足普通高校学生的体育锻炼、体育健身和体育休闲娱乐等需求。拓展潜在的经济资源，弥补体育经费投入的不足。当今高等教育体系中，由于体育教育的边缘地位，高校投入体育事业的经费额度往往有限，这直接影响了高校体育基础设施建设。然而，高校体育经济资本的投入，并不能狭隘地理解为单纯的经费投入。在经费投入不足的情况下，可以挖掘潜在的经济资源，优化已有的经济资本结构，以促使对于体育文化力的经济资本的投入真正发挥作用。对此，笔者建议，部分高校可以将现有的学校空地、空闲的建筑，改造为学生的体育活动场地或者体育活动中心，或者开发新型的体育项目，将原有的经济资源激活，最大限度地将学校所拥有的经济资源利用起来。用最小的投入获得最大的产出，即达到投资最小化，效益最大化。比如，可将学校周围的荒山改造为定向越野训练场地或者阳光长跑场地；可以将平时生活的道路、广场、空地作为锻炼与健身的场所，给予一定的健身标志和指导；可以将校园整体作为定向运动的场域，在校园内设置 APP 定向装置。此外，东北区域的高校根据已有的自然资源，开设滑冰、滑雪课程，也是挖掘潜在资源的借鉴思路。

开发校园体育产业资源，增大企业的投资力度。高校体育教育作为国家高等教育的重要组成部分，是关系到社会公共利益的重要公益性文化事业。校园体育产业可以并且应该与体育文化产业紧密相连。体育文化产业的发展，能够改善高校体育物质条件，激活和整合高校体育文化资源，形成高校与社会的良性互动，促进高校体育经济发展的整体跃升。对此，笔者建议，从多重路径逐步开发校园产业资源：成立高校体育产业集团，为体育文化产业提供制度基础和组织框架；积极开展高水平的体育竞赛产业，打造高校自己的体育文化品牌；充分利用自身的体育专业人力资源，发展经营性体育健身俱乐部；大力发展体育器材、体育用品等高校体育配套产业。对于高校体育文化产业的开发，高校要积极利用自身的体育文化优势，有效整合各种高校体育资源，促进高校体育文化产业的不断发展。

（2）增加体育客体文化资本和身体资本，提高高校体育精神文化力。当前，在高校体育场域中，高校师生的体育认知成为影响高校体育经济发展的主要因素。而师生体育认知的主要问题便是对于身体理解的偏差。身体不等同于肉体，两者是有一定差异的。在社会学家约翰·奥尼尔看来，"肉体包含于身体之中，它们是包含与被包含的关系"。也就是说，当从生物学的角度看待身体，将身体看作一种拥有新陈代谢的有机体时，身体便成为肉体。肉体是自然人意义的，肉体是身体的基础，但是身体具有更为丰富的内涵，而不仅仅局限于生物学意义。然而这种生物学意义的肉体在现实中从来不存在。对于体育认识的常见误区之一便是将"身体"降格为"肉体"，并且这种认识是学校、教师、学生等主要主体"共谋"的结果。"健康第一""增强体质""锻炼身体"等口号成为许多师生对于体育的共识。这是一种对于体育认识上的还原论，将体育的"身体"还原为"肉体"，割裂了身体本身所具有的多种属性和多种功能。与之类似的观点，还包括体育经济价值论、体育政治价值论，均只看到身体的工具功能而忽视了活生生的身体存在的意义。教育的目的是培养"全面发展的人"，体育教育也不例外。对于作为体育载体的身体，也应该以培养全面发展的人为宗旨看待身体，而不是将身体作为某种工具。以全面发展的人的观点看待身体，这意味着身体本身就是其存在的意义。因此需要以人文精神关怀身体，尊重每个个体的身体。这样才能真正激发个体身体的活力，释放身体能量。在此基础上，再强调身体的政治价值、经济价值才有意义，否则，便是缘木求鱼，舍本逐末。因此，以身体资本重新定位高校体育，需要挖掘体育中的"身体"的丰富性、多层次性，以此建立合理的体育观念体系，进而促进高校体育精神文化力的发展。具体建议如下：

以促进人的全面发展为指导思想，构建高校体育核心、价值观。从身体资本角度出发，促进人的全面发展，对于体育活动而言，应该建立在对于身体的全面发展的基础上。这需要在促进高校体育经济发展时，应当将身体看作一个有机的、自主的开放性主体。这意味着，高校体育核心价值观的确立和实践，应该保持人文价值和工具价值的统一。避免将高校体育经济发展等同于"合格标准""达标指标""比赛次数""奖牌数量"等，避免忽视体育身体的自主性而延伸到体育精神的确立。否则，高校体育经济发展很难向纵深化、高层次方向发展。

关注个体身体资本的差异性，强化体育活动参与者的认同。不同个体的身体资本是存在差异的。这种差异来源于个体所处的社会位置及相应的习惯。个体由于不同的生活环境（比如家庭背景、地域特点等），形成不同的体育习惯，这影响了个体的身体资本的增值。高校体育经济要想发展，需要明确个体的身体资本差异的来源，促使个体克服社会位置对其认识的不利影响，并且利用各种经济资本和文化资本等使自己的身体资本增值。也就是说，在高校体育精神文化力构建过程中，尤其是进行体育教育课程教学、体育锻炼和体育训练时，注意尊重学生的个体身体差异，使得学生明白自己的优势与缺点，尊重学生的选择，促进学生对体育活动的参与，增强学生对于体育运动的认同。

增加客观化形态的文化资本存量，为高校体育精神文化力提供必要的智力和审美支持，客观形态的文化资本可以为高校体育经济发展提供必要的知识基础和组织基础。我国高校中，现有的客观形态的文化资本存量过小，这直接影响了高校体育精神文化力的培育。对此，笔者建议，一是，对于书籍、音像制品、健身软件等类型的文化资本，要及时把握体育理论前沿性和应用的适应性，使得这些文化资本能够成为学生参与体育锻炼、健身和休闲娱乐活动的推动力和科学指导，进而为高校体育经济发展提供必要的智力支持；二是，对于带有体育标志的物质文化资本，如服装鞋帽、体育器械、体育纪念品、吉祥物等，在注重理念与精神传达的同时，利用各种场域进行积极正面的引导与宣传,使其成为体育的代言人。高校应充分发挥体育的品牌效应;三是,对于体育雕塑、体育建筑等类型的文化资本,增强设计上的特色,使得这些雕塑和建筑成为学校形象的名片,进而为高校体育精神文化力提供必要的审美支持;四是,对于高校体育明星的塑造,作为高校体育文化资本的现实浓缩体,高校体育文化的一种品牌,高校体育明星通过自身的技能、文化素养、人格魅力等传递体育精神,展现体育的运动美和人性美,改变高校师生对体育的认知,并引导师生积极地投入体育实践中。

积极培育民族传统体育文化,促进高校体育经济持续发展。我国民族传统体育文化项目极为丰富,风格各异。同时,传统体育文化注重身心兼修,并且多数项目对于年龄、体质、器材、场地等主客观条件的限制较小。随着竞技体育运动的迅速发展,我国传统体育所具有的强身健体、修身养性等独特的体育功能日益重要。积极培育和发展我国民族传统体育文化,可以使得高校成为传统体育文化的传承者,并且提高我国体育文化的文化自觉,极大地促进高校体育经济发展的扩展与提升。高校应该成为我国民族传统体育文化的重要载体,促进我国高校体育经济的持续发展。高校应从多个层面对民族传统体育文化进行培育,使得民族传统体育文化丰富师生的体育文化。具体而言,高校可以进一步丰富民族体育文化课程,引进民族传统体育文化传承人,努力将其打造成高校体育经济发展的名片。

(3) 完善高校体育赛事资源配置,提高高校体育规范文化力。目前高校体育赛事资源配置失衡,三大主体资源配置不匹配,导致计划配置与市场配置失衡,资源产生效益不明显,针对这种现象主管部门可以依靠体育社团与立法辅助手段,建立完善大学生服务机构增强高校体育赛事举办能力,提高高校体育赛事组织机构管理质量,如图8-1所示。

完善体育设施管理制度。我国高校普遍存在体育基础设施管理不完善、不科学的问题,使得学生不能充分利用现有的体育基础设施。比如,很多高校体育场馆开放时间过短,或者开放时间不合理,导致学生不能进入这些场馆进行体育锻炼;一些高校体育设施设计不科学,空间布局不合理,造成活动过程干扰、空间浪费;高校体育安全管理缺失,导致运动伤害事故的发生;高校忽视基础设施卫生保健方面的指导,导致"健身"变"害身"或"坏身";高校体育基础设施管理的封闭性，服务的非人性化，大大降低了这些体育设施的使用效率，使得已有的经济资本的投入难以获得有效的体育产品的产出。因此，高校应完善体育基础设施的管理制度，使其与学生的时间结构、体育习惯等相匹配，促进体育设施的高效利用。

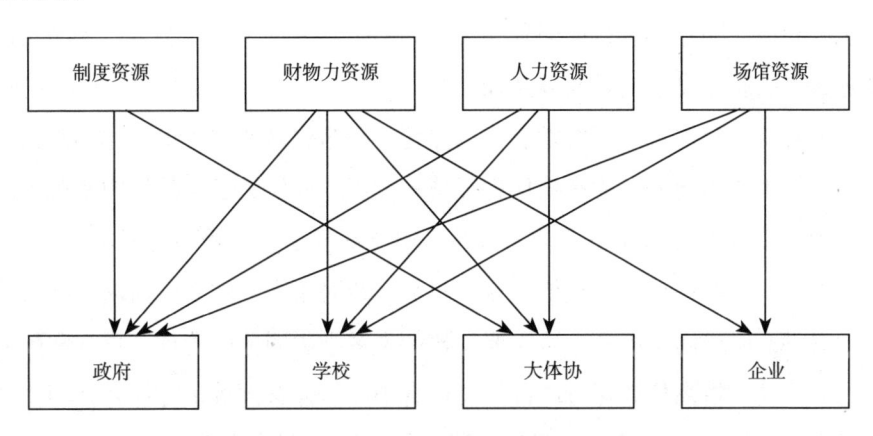

图8-1 高校体育赛事主体资源关系

完善体育社团组织管理制度。目前，高校体育社团和协会已经成为高校体育经济发展的重要的施力主体，高校可以根据实际情况，建立一套详细有效的体育社团规章制度，正规的章程包括：社团成员的权利义务制度、体育活动开展管理办法、奖罚制度、对外扩展活动制度以及完整的财务管理制度等，促进高校体育社团的发展。

增强高校体育活动吸引力，提高高校体育行为文化力。高校体育经济发展是施力主体作用于受力主体的作用力，人均为主体。没有个体对于体育活动的参与，高校体育经济发展无从谈起。因此，吸引高校师生参与体育文化活动，提高行为文化力是高校体育经济发展的关键。

高效率管理是工作高效的保障。高校体育赛事组织机构配置完善，组织机制运用合理是高校体育赛事顺利举办的根本保障。高校体育运动竞赛管理体制是国家组织管理高校体育赛事的机构、准则与管理制度的总称，它包含三个部分，一是高校体育赛事的组织结构，也就是各级管理机构的设置；二是这些管理机构的职责利益、权力的划分，以及它们之间关系的准则；三是各高校体育赛事组织中的管理制度。主办方、承办方、运营机构都是高校组织体育赛事的成员，他们是组成高校体育赛事的重要参与体，高校则是体育赛事的主体。由于高校体育赛事数量多、范围广，涉及的面比较大，如果想将赛事打造成品牌赛事，就需要将赛事规范化、制度化，利用各方资源来吸引企业以及社会各界人士的注意，才能实现市场化运作。可持续发展对策落地，赛事规模不断改进，合理运行组织机制，协同多方利益共同将赛事打造成独一无二的国际性大学生体育赛事，才是当前高校体育赛事品牌建设的重要发展路径。

积极支持高校体育社团的发展。以体育社团为代表的体育组织作为高校课外体育活动的主要承担者，为高校体育经济的发展，提供了必要的组织基础。高校体育社团，以体育休闲娱乐活动为载体，引导高校学生积极参与各类体育运动，是一所大学体育精神传承的重要纽带。目前，相对于庞大的学生需求，高校体育社团所提供的服务尚待提高。这需要高校加强对学生团体的管理，重视和配合体育社团的活动，将高校体育行政部门（体育中心、体育部等）与体育社团协会组织的活动有机结合。一是，实现学生课内与课外体育活动的衔接与补充；二是，充分满足各个施力主体的体育需求；三是，全方面实现高校体育功能，充分发挥高校体育文化力的作用。各级机关与部门要为体育社团和协会创设各种条件，加大对体育社团的投资力度，积极开展形式多样的体育文化活动。比如，设立体育文化节、各种体育休闲娱乐比赛、体育拓展活动、体育健身日、健身周、健身月等，将课外体育活动的开展形成传统，日常化地进行，并精心设计证书和奖杯等，提高师生对于体育的参与度，逐渐形成体育社团组织的体育习惯和参与人员的体育习惯，进而推动高校体育文化力作用发挥。

积极创新体育课程。优秀的体育课程是吸引学生参与体育活动的主要动力，也是高校体育文化资本发挥效益的隐形动力。目前的高校体育课程，很大程度上延续了初高中阶段体育教学特色，侧重于体育知识和技能的训练，课程体系过于单一，课程内容枯燥乏味，教学方法手段简单化，难以满足学生需求。这需要高校体育课程设置要勇于创新，建设既能增强身体素质，提高体育技能，又具有趣味性的体育课程，充分满足学生群体的多元化的体育需求。在这方面，我国少数高校进行了有益的尝试。例如，厦门大学的体育课程就分出很多种类，除了常规的传统项目外，还有野外生存、海岛生存生活、爬树、拓展训练、马拉松、橄榄球、垒球、棒球、腰鼓、龙舟、攀岩等课程，受到学生的普遍欢迎。体育文化氛围浓厚，高校体育物质文化力和行为文化力的作用得到充分发挥。

高校体育文化力的完善与创新是发挥作用的原动力。随着时代的进步，高校需要在保持传统体育特色的基础上，不断完善与发展高校体育文化力。高校体育文化力的构建，是一个长期性、动态性过程。这需要积极探索构建高校体育经济的长效机制，及时发现和解决高校体育文化力发展过程中的各种问题。这就需要：一是，高校体育文化力的施力主体和作用对象建立良好的沟通渠道，促进高校体育文化力的良好运行；二是，建立并完善各类高校教育场域，明确各个场域涉猎的机构与人员组成，合理利用各场域之间的"正能量"，弱化各场域之间的"负能量"，促进高校体育文化力机制的良性循环；在保持现有高校体育资本的基础上，积极开发新的体育资本，挖掘原有资本的内在潜能，避免体育资本运用的不合理，充分发挥资本效益，增强高校体育文化力机制效益的产生；四是，积极引导高校体育习惯的构建，促进其内置的生成与再生产，进而满足高校体育经济发展机制的需要。比如，建立定期对高校师生对于体育认知和行为的调查和座谈会，收集体育文化力发展现状和解决问题的信息及建议。只有高校师生进行良好的互动与沟通，高校体育经济发展机制各组成要素之间更好地循环，高校体育经济发展才能真正发挥其效益。

在前文对高校体育经济发展存在问题和高校体育经济发展运行机制分析的基础上，笔者对高校体育经济发展运行机制的建构途径进行了探讨和反思。高校体育经济发展的培育是一个长期持久的过程，因此，对于保障高校体育经济发展运行机制有效实施途径的构建，需要在针对高校体育经济发展运行机制和运行现状的分析的基础上，遵循科学的流程。笔者认为，对于高校体育经济发展运行途径的构建，高校首先需要根据自己的实际情况，对所拥有的体育经济发展进行评估和定位，并以此为依据，制定可供高校执行的体育文化力构建的具体目标和操作标准。进而，笔者从高校体育经济发展的分类出发，并将高校体育文化力运行过程中的各个环节纳入构建过程，从四个方面对高校体育经济发展的培育提出了针对性建议。最后，笔者论述了高校体育文化力的完善和创新，以确定高校体育经济发展的生产和再生产，促进高校体育经济发展机制各组成要素之间的良性循环。

二、推动高校体育可持续发展的建议

（1）重视体育教师培养和队伍建设，使教师队伍得以高质量发展。高校体育教育顺利开展，会对体育经济发展起到一定的促进作用，而高校体育教育的开展离不开教师。目前，我国高校教育体系师资严重不足，加上学生数量较多，这样一来，导致体育教师的课时量增加，教师压力过重。因此，高校体育经济要想获得有效、持续性发展，高校应重视加大对体育教师的招聘力度，用提高岗位薪酬待遇等方式吸引更多专业人才，在高校体育教师团队不断壮大的同时还可以吸纳更多优秀的综合型人才。另外，要不断提高体育教师的理论知识、专业技能和职业素养，对体育教师进行相关的专业培训，使其能够充分了解和认识体育教育、体育产业与体育经济以及它们之间的关系，加强自身对高校体育事业的研究力度，从而在政策上认可和支持体育教育与体育经济的发展。此外，高校通过设置合理的绩效考核方案、奖惩制度，不但可以对教师行为起到有效的监督作用，还可以调动体育教师的积极性，让他们能够主动努力提升自身的专业能力水平。

体育教师队伍的完整程度关系到体育事业的发展，因此，加强教师队伍建设能够真正促进教师素质的提高。在国内高校体育事业发展过程中，目前的教师队伍并不能满足体育事业的发展要求，正是基于此项问题开展考虑，高等院校完善现有的教师队伍能真正对体育事业的发展产生影响。体育教师队伍的完整程度主要有两方面影响，从宏观角度来说，完善的体育教育能促进体育经济发展进步；从微观角度来说，优秀的教学内容对学生进入社会的发展、心理素质的锻炼均有促进作用。正是基于以上两项原因，高等院校应该对教师队伍的建设给予更多关注，发现教师队伍配备不足的主要原因，适时地给予政策上的支持，保证教师队伍的建立健全。不同的高等院校内的体育教育事业有所不同，需要各高校按照本校实际情况，加强教师队伍建设，形成适合自己学校的管理体系。现阶段，高等院校内的教师对学生对体育知识点的学习兴趣以及对体育的认知程度关注较少，需要高等院校依据体育事业的发展要求，制订体育教师的培训计划，适时地聘请外部的专业体育人士对本校教师开展培训工作。首先，培训的内容是发展体育教育事业与体育经济之间的关系。其次，要对体育教师的教学形式以及教学内容进行培训。在完成培训工作以后，体育教师要改变原有的教学模式，在开展课程教育的过程中，让学生对体育学习有一个清晰的认识，不只是为了完成学校课程的基本要求，而且在步入社会后，用体育知识对周围人产生影响，实现全面健身的国家发展要求。此外，高等院校也要对体育教师进行培训，使教师的教育理念与教育管理部门的要求相一致。完成此项工作以后既能够保证教学内容专业化，也能真正地实现体育教育事业的发展进步。高校在建立健全教师队伍时，首先要保证教师队伍满足基本的高校教学要求，其次要对教师的基本技能和职业素养给予更多关注。

（2）引导、鼓励学生多参加体育活动和比赛，培养学生的体育消费意识。高校应鼓励各类院系每年举行多次全校运动会和篮球比赛，开展不同项目的体育比赛，使学生树立热爱运动的观念，融入不同层次、不同活动的大学生活，培养学生身心健康，体育消费意识和体育消费能力，发挥学生的体育资源优势，满足身心健康的要求。同时，高校应将体育作为促进体育产业和经济发展的具有很大发展空间的产业，重视对大学生体育发展和体育教育，并为促进体育产业经济增长和培养学生体育消费意识和能力做出贡献。高校应加强对体育学生的全面监管，正确解决体育"学训"的冲突。高校要充分发挥学生的个性特点、兴趣爱好和学业特点，科学地进行体育锻炼，做到集约、统筹。高校应对大学生实行"双学分"管理，即对学生的体能和文化水平进行评价，并在运动和文化教学中合理地分配教学和教学活动。

在高校体育教育的开展过程中，实践是基础，学生不只是单方面地接受教师所传授的体育理论知识，更多的是参与到实践活动中。因此，高校除了设置日常的体育课程和常规教学之外，还应发动各个院系、各种社团以及协会每年举办丰富多彩的体育活动，组织不同项目、不同规模的体育比赛，鼓励和引导学生积极参加，使学生在参与过程中潜移默化地树立热爱体育、终身运动的观念，让体育锻炼融入学生的日常生活中。

（3）完善体育设施设备，培养更多专业体育人才。体育设施建设是开展体育教学、体育训练、技能竞赛的前提和基础，是做好各项体育工作的关键。对于高校来说，如果缺乏先进的体育设施、充足的体育器材设备，会对高校体育教育产生直接影响，导致教育教学质量水平下降，而学校的发展也会受到限制。因此，高校在体育教育方面，应重视对体育设施设备建设的完善，加大这方面的资金投入力度，使学生能够在专业化、规范化的体育环境中进行训练。同时，高校也可以通过降低学生进入体育场馆门槛这种方式，让更多对体育运动有追求的学生参与到体育竞技项目中，更好地提高学生体育专业技能和体育职业素养，从而为体育产业培养更多高水平的专业人才，促进体育产业经济增长。

制订风险管理计划。首先，高校要准确地分析学校体育活动过程中可能存在的风险或风险类型，并且建立完善的风险应对策略，避免或降低潜在风险事件带来的运动损伤或损失。其次，风险管理计划应重点考虑：在体育教师方面，如体育教师的职业素养、专业能力、执教能力、运动损伤处理能力、安全风险意识等。在学生方面，如学生的身体素质、特殊体质学生、学生的安全意识等。在场地器材方面，如运动场地、场馆与设备的安全评估情况和检修情况等。在家长方面，如高校以告知的方式让家长知道体育风险发生的可能性，鼓励其购买运动保险等。最后，对所有体育活动和体育课程进行详细规划。第一，学校应该提供符合国家安全标准的运动场地、场馆、器材设施，且器材的摆放、器材之间的距离、场馆照明情况、通风情况等都要符合相应的规定要求。第二，学校要制定和落实设备安全检查和维护方法，对设备进行周期性检测，对存在安全隐患的器材设施及时进行维修或更换。对运动场地及时打扫清洁，清除运动场地上的危险杂物。运动器材上标明使用方法及警示标志，如防滑标志、器材维修标志等。第三，加强安全教育。加强对体育教师和学生进行安全教育及风险应对技能培训，提高体育教师的安全意识，以及掌握合适的风险应对技术。第四，进行风险告知。其一，对风险因素进行告知，如通过书面协议对学生及其家长告知体育中相关的风险因素，让学生及其家长知道参加体育运动是存在一定风险的，而且风险发生的时间、严重程度具有不确定性。同时还应告知学生及其家长各项体育运动项目特有的风险及风险应对策略。一方面让学生及其家长提高安全风险意识，另一方面让学生及其家长有一定的心理准备。其二，学校可以借助电视媒体对安全知己风险应对、法律关系、责任归责等知识进行宣传。积极呼吁社会保险及其他组织分担或转移一部分风险。第五，帮助学生购买保险。学校应引导学生购买保险，一方面可以替学校分担经济赔偿，同时也给学生和家庭一个保障，如医疗和康复费用等。第六，制定突发事件应对策略。对运动场馆和体育教师等相关工作人员制定突发事件发生时的现场规划。例如体育场馆里设置校医急救电话，常备一些急救药品或急救用具，设置应急通道等。

（4）根据体育课程要求组织学生进行体育活动。现阶段，高校大学生对于体育知识的接受基本处于被动状态，很多教师在开展体育教育的过程中仅仅关注体育知识的教学，较少关注学生接受知识的程度，学生在这种枯燥的理论知识学习中，兴趣不会明显提升，甚至产生厌烦情绪，体育教学不能取得应有的效果。在高等院校开展体育教育时，教师要将教学内容整合，保证体育的理论知识和实践教学相融合，特别是体育的实践类教学是保证学生有效吸收理论知识的重要因素。开展体育实践教学的主要目的首先是对教师所教授的理论知识进行验证，其次，在开展实践教学过程中学生之间能够实现有效的互动。体育实践课程中学生之间的有效互动能形成学生的团队意识，这种意识的存在能够保证体育教学的质量，而且促进体育经济事业发展进步。高校教师在完成基本的体育知识教学后，需要依据学校内的基本情况，定期组织一些活动，常见的校园内赛事如篮球赛、足球赛、校级运动会等，这种运动形式并不是一成不变的，需要根据学校的实际情况进行组织，开展这些赛事的主要目的是让不同专业、不同院系的学生之间因体育事业结缘，进而开展体育知识的交流，对体育事业的发展起到促进作用。

高校专业知识课程一直贯穿于大学四年，高校基于专业课程的要求，一般将体育课程安排在学生入学的前两年，这种安排教学的形式存在一定的弊端，对于爱好体育的学生能在两年内学习体育知识，但是，对体育兴趣缺乏的学生，在这两年内不能获得应有的学习效果，学习兴趣不能被有效地激发出来，造成体育资源的浪费。针对上述问题，首先，高校根据教学任务的课程要求，适时地增加体育课程，增加的课程主要强调学生日常学习后的身体锻炼所获得的好处，让学生从心理上接受体育这项运动；其次，教师在开展体育教学时要依据新课程改革的要求，提高学生学习体育知识的意识，在学生具备基本的意识以后也要形成一定的体育认知，在日后的工作和生活中使体育锻炼成为一种常态，为实现全民健身做出自己的贡献，进而促进体育经济事业的发展进步。在对学生开展基础的体育知识教学过程中，高校需要改变原有的教学模式，将社会中的热门体育运动项目引入学校，让学生对学习体育知识产生兴趣。比如，可以将轮滑和街舞等项目相融合，这样能够丰富教育资源，实现教学效果。不仅如此，在高校体育教育中，教师也可以将社会体育的相关活动项目融入其中，可以选择比赛、演出或者展出的形式，对高校体育活动的内容进行丰富。学生参与社会体育活动，有利于将社会体育融入高校体育中，使二者能够发挥各自的优势，并且成为统一的整体，真正实现全民健身目标。

（5）建立高校体育教育与社会体育实践互通机制。高校体育经济发展需要与社会体育进行互通，在此基础上制定可行的实践互通机制，让二者相互融合，各自发挥优势，在条件允许的情况下，还需要进行商业教育合作，这是高校体育经济未来发展的方向。从本质上来说，二者相融合并不是对高校体育或者社会体系结构做出转变，主要是让高校体育能够有效地与社会体系进行衔接，逐渐构建专业沟通交流平台。体育教师能够借助该平台提升自身教学能力，做好课程的设计工作，并且提升教师自身的教学管理能力，从而使体育教育质量得到质的提升。学生能够在该平台与教师进行交流，与其他学生进行互动。该平台为学生参加社会体育实践活动提供机会，学生经过不断的锻炼，体育综合能力得到提升。除此之外，在该平台，社会群众也能够掌握相应的专项运动技能，借助高校体育教学资源提升自身体育能力，使社会体育建设工作朝更好的方向发展。

第二节　展望未来

一、高校体育与社会经济发展的未来

随着中国体育事业与世界体育事业交流的增加，人们较为熟知的乒乓球、足球、篮球以及其他体育事业均在发展进步，专业设备的使用促进国内体育经济快速发展，特别是从北京申奥到成功举办奥运会，体育用品行业实现跨越式发展。体育经济的发展让人们逐渐看到高校内的体育教育与经济发展之间存在一定的关联。高校体育教学需要围绕终身体育这个教学目标，对大学生的身体素质进行提升，同时促进体育经济发展。高校体育要想进一步与社会经济接轨，需要对传统体育教学格局做出转变，有效地弥补传统体育教育的不足，使高校体育经济实现

新的发展目标。

近年来，中国体育产业呈现出良好的发展趋势，社会上涌现出各类体育赛事。品牌赛事是较受大众认可与青睐的赛事之一。但是目前赛事主办方普遍存在品牌化意识薄弱，未能深入开发市场，也没有合理包装赛事，导致赛事不能充分吸引各方关注，不利于提升赛事层次。高校体育工作者在组织高校体育赛事中最为重要的是推进赛事品牌化发展。与此同时，在体育运动职业化很高的美国，NCAA不改初衷，坚持业余化原则，但是这没有影响它的盈利，甚至每年会创收数亿元，同时还承担起美国体育"人才基地"的责任。20世纪90年代，我国高校体育品牌赛事的建立还在摸索阶段，到21世纪初期，高校体育开始正式转型，建立品牌的思想观念还处于萌芽状态，经过十几年的发展，如今我国高校体育已经处于过渡转型期，这是在我国竞技体育体制改革和高等教育管理体制改革的背景下发展的，在这个各项体制不断改革完善的时期，我国高校体育发展起步比较晚，高校体育品牌赛事的建设机遇与挑战并存。

近年来，我国体育运动员在多项国际比赛中崭露头角，部分赛事项目独占鳌头。从整体看，当前我国竞技体育得到较好的发展，带动了我国体育运动的广泛开展，体育人口逐年上升。体育赛事向好发展，形成了一定规模的商业化运作。大学生是祖国的未来，同时也是新时代接受度较高较为活跃的群体。当代大学生在明星运动员的示范效应下踊跃参与体育赛事，推动高校体育事业发展。综观国内基本情况可知，我国高校体育运动发展较好，取得了有目共睹的成绩，在本地区乃至全国范围内都形成了较高的知名度。从客观上说，这些都有助于高校体育运动、体育比赛发展。品牌赛事在众多比赛中脱颖而出，此种独具特色的比赛已经成为一种发展趋势。

近年来，部分高校已经建立了高水平运动队，开始承担培育高水平运动员的责任。高校体育赛事要想在众多赛事中脱颖而出，就要有自己的个性和特色，这就突出品牌建设的重要性。品牌是高校赛事重要的推广资源以及盈利源泉，如何建设品牌是各高校必须面临和思考的问题。我国高校体育运动发展势头良好，以郑州为例，据悉，每年郑州高校体育运动都会组织各类大学生体育运动比赛。此类运动赛事运动水平相对较高、比赛规模较大。另外，随着发展，当前该市高校体育赛事逐渐趋于市场化发展。但是进一步分析发现，在塑造品牌与开发市场方面郑州高校体育赛事尚存在诸多不足之处。这是摆在郑州各高校体育管理者面前的一个亟待解决的难题。

总而言之，目前我国体育已经进入了一个产业化阶段。各高校体育教育在很大程度上还会对体育经济发展产生更加深远的影响。因此，在未来的发展阶段，高校应结合自身实际情况，不断提高对体育教育的重视，合理改进以往的体育教学方案并不断创新，积极探索体育教育路径。同时，采用科学适宜的方法，提升大学生的身心健康水平，着重培养学生正确的体育消费意识和消费能力，为我国体育经济的长远发展提供保障。

二、高校体育赛事的困境和前景

在品牌赛事的组织建设层面，已经具备非常健全的组织体系。但是在赛事的运营协作层面，管理者期望获得更多经费和更大的制度支持；当前大学生足球联赛的赞助效果有待提高；省内赛与全国赛有待强化，但是对于省内赛的管理人员缺乏培训力度。

在品牌赛事的宣传建设层面，在运营商支持下已经较为成熟。但是宣传方式与内容过于单一；宣传整体规划和统筹有待提高；大体协文化标志的宣传力度有待扩展；文化标志如宣传语、LOGO、主题曲、吉祥物等的规范是大体协下一步宣传建设的重点。

当前关于品牌概念的研究，国内国外都认为品牌的定义和品牌自身的内涵与属性有关，强调品牌的价值、定位、文化、影响力等方面，并且已经形成了丰富的与建设体育赛事有关的研究。其中国外学者关于这方面的研究较为成熟、翔实，从基本的概念研究到具体品牌的定位、形象建设、品牌个性、赞助及营销策略等方面的研究。国内方面学者较倾向于从文化、特征、概念等层面进行课题研究，强调体育赛事与品牌的耦合度，彰显品牌体育赛事的价值，培育高质量的赛事，引导人们持续而又稳定地关注赛事，树立体育赛事品牌，全面促进赛事发展，从而使体育赛事更加市场化、利益化，促进赛事的可持续发展。在高校体育品牌赛事建设方面的研究相对较少，在有限的研究中，国外关于高校体育赛事的研究更加具体化，从赛事的多方面进行分析，国内的关注点主要集中在商业开发、赞助、文化等领域，鲜少以实证性研究展开，且现有研究存在较为严重的重复现象，内容单一，极少有结合高校具体现状展开分析的。

高校体育赛事的前景是基于国内最大的教育平台所拥有的强大的学生群体，而且高校内具有最专业的人才团队以及资源保障。高校体育赛事品牌发展的深层次困境有：一是赛事组织管理人员的专职性难以平衡；二是市场运作开发缓慢；三是高校赛事公益性商业性难以平衡。

高校体育赛事品牌建设的路径有：一是深入挖掘高校文化，形成具有高校赛事特点的文化传统；二是抓住主流受众群体，打造精准的传播路径；三是学习先进的营销理念，提高市场运作能力；四是创新赛事组织机制，协调多方利益主体协同办赛能力。

三、研究局限

研究不足之处主要是以单一案例为研究对象，来反映高校体育赛事存在的一些问题，试图寻找推进高校体育赛事品牌建设的路径。单一案例虽具有典型性，便于深入研究，但是无法反映高校体育赛事的全貌，其反映的是部分的问题。因为本书提出的品牌建设路径更适用于同类型的高校体育赛事，即研究结论的普遍性和应用上存在不足。因此，未来研究应加强对同类型的其他赛事，或者其他赛事的案例分析，通过更多的案例来深化对高校体育赛事品牌建设理论的分析。未来研究也可从品牌感知与评价、国内外高校体育赛事品牌建设比较等角度丰富对高校体育赛事品牌的研究。

目前，中国的体育产业发展正处于黄金时期，高校体育赛事作为体育产业的推动力，必须抓住这个黄金时间点，虽然我国高校体育赛事品牌建设还存在很多困难与阻碍，但是相信在一代体育人的不懈努力下，我国必将成为世界瞩目的体育强国。